风中芦苇在思考

一位教育人的行与思

徐正龙◎著

安徽师范大学出版社
ANHUI NORMAL UNIVERSITY PRESS
·芜湖·

图书在版编目（CIP）数据

风中芦苇在思考：一位教育人的行与思 / 徐正龙著.

芜湖：安徽师范大学出版社，2025. 4. -- ISBN 978-7-5676-7220-8

Ⅰ. G40-05

中国国家版本馆 CIP 数据核字第 20251RZ015 号

FENGZHONG LUWEI ZAI SIKAO YIWEI JIAOYUREN DE XING YU SI

风中芦苇在思考：一位教育人的行与思

徐正龙◎著

责任编辑：李　娟　　　　　责任校对：童　睿

装帧设计：张　玲　姚　远　责任印制：桑国磊

出版发行：安徽师范大学出版社

芜湖市北京中路2号安徽师范大学赭山校区

网　　　址：https://press.ahnu.edu.cn

发 行 部：0553-3883578　5910327　5910310（传真）

印　　刷：安徽联众印刷有限公司

版　　次：2025年4月第1版

印　　次：2025年4月第1次印刷

规　　格：700 mm × 1000 mm　1/16

印　　张：11.75

字　　数：160千字

书　　号：978-7-5676-7220-8

定　　价：49.90元

凡发现图书有质量问题，请与我社联系（联系电话：0553-5910315）

序

正龙大作结集出版，嘱我为之作序，激动且惶恐。

认识正龙是我进入岳西县教育局之后，当年他是岳西县店前中学团委书记，英姿勃发，潇洒帅气。我曾听过他的课，他的教学深入浅出且生动活泼，即使是我这个学文科、没有一点生物学基础的人，也能听懂。他还是一位富有进取心的教师，当国家面向在职教师通过考试招收教育硕士时，他第一时间报考并成功取得学位，这显著提升了他的教育专业素养。

正龙在多个教育干部岗位上历练过，当过普通高中（以下简称"普高"）校团委书记、政教处主任，擅长做学生思想工作。在新建立的岳西县店前初中任第一任校长期间，正龙就如何发展初中教育和提升初中教育质量进行了深入探索，积累了丰富的实践经验。正龙硕士毕业后又回到普高课堂，来到全县最好的普高——岳西中学任教。在生源质量完全不同的两所普高执教，于正龙而言不仅是不同的经历，更是在不同工作情况下针对教育对象的教育方法、教育观念的探索。当他通过竞聘来到县教育局担任教研室主任时，不同岗位的历练和探索为他推动全县教研工作的发展奠定了坚实基础。他组建了一支由不同学段、不同学校和不同学科老师组成的兼职教研员队伍，将教研"组织细胞"、教研观念意识、教研行为和氛围，

1

全面、深入地植入全县教育这个巨人躯体，使之化为行动、产生力量，提高了全县教师的整体素质，使全县教育教学质量上了一个新台阶。于全县教育事业而言，他功不可没。他现在在一所省示范高中任副校长，分管教育教学科研等业务。我相信他能充分发挥其优势，一定会有出色的工作成绩。

正龙还是一位善于思考和探索的人，不甘平庸度日，不愿碌碌无为，在繁忙的工作之余，撰写了许多有分量、有水平的教学研究论文。作为同事，我有幸与正龙合作撰写过多篇论文。其中，《智慧学校热点问题冷思考》由我草拟了部分内容，正龙再整体构思，撰写成文，经与正龙沟通，收录在拙作《偷得浮生半日闲》一书中；《教研是提升师德水平的重要抓手》一文，我仅提出了观点，由正龙独立撰写成文，虽然署有我的名字，但不可夺爱于人。

正龙将他的大作发给我，我认真拜读，为其教研水平、教研成果所折服。我认为他的不少文章有相当强的生命力，可以跨越时空，影响他人，如今结集出版，使其影响面更广，发挥的作用更大。作为他的老朋友、老同事，期盼其大作尽快付梓成册。

王启林

2023 年 11 月 5 日

目　录

第一辑　教育管理

第二辑　教学思考

第三辑　学习心得

第四辑　教育随笔

目
录

第一辑
教育管理

　　思想，是行动的先导；教育思想，是办学的灵魂。

做"整个的校长"，促普高转型，还教育本真

为分而学，为考而教，生活即学习，学习即高考。在当前普通高中教育生态中，这种现象愈演愈烈。学生、教师、家长乃至整个社会陷入应试狂热的现状令人忧心，教育改革已刻不容缓。顺应高考改革大势，促进普高转型发展，回归普高教育本真，我们普高校长唯有高举改革大旗，走在全体教育工作者的前列，做普高转型发展的旗手和先锋，才能无愧于职业与事业。

一、重温陶行知先生"整个的校长"的教育理念

陶行知先生提出要做"整个的校长"，是针对20世纪二三十年代，许多学校校长任职存在以下三种情况提出来的：一是由地方政要兼任校长，即几分之一校长；二是多个人共同担任校长，即几个人干一个校长；三是一个人担任多个学校校长，即一人干多个校长。

陶行知先生认为，校长是一所学校的灵魂，要把"整个的心"用于这所学校的管理，即做"整个的校长"。他认为，"整个的校长"有以下几个标准：

一是高尚的品行。道德是做人的基本，更是做校长的基本。

二是使命感。"人生天地间，各自有禀赋。为一大事来，做一大事去。"即校长要有为党育人、为国育才的神圣使命感。

三是悲悯之心。教育是一种社会事业，非同情普遍，不足以收共济之效，即校长要有同理心和同情心。

四是教育思想。"要有独立的思想——要能虚心，要思想透彻，有判断是非的能力。"即校长不能随大流，盲目跟风，要有教育定力、教学主张和底线思维。

五是行动能力。"知行合一"，"教学做合一"。即校长要坚持全面发展和全面育人的理念，在"做"的基础上培育德才兼备的人。

六是创新性。校长要有开辟精神和试验精神，要"敢探未发明的新理，敢入未开化的边疆"，即校长要带领全校师生守正创新，拓展学校、教师和学生的发展空间。

重温"整个的校长"这个教育理念，非常具有现实意义。今天的普高教育，被附加了许多教育之外的任务，校长真的难以做到用"整个的心"去做"整个的校长"，办"整个的学校"。

二、借鉴省内外成功经验，促进普高转型升级发展

新一轮高考改革选择了经济实力雄厚的上海和浙江，是高层的英明决策。结合多次随团赴上海、浙江名校考察的所见所思，我认为沪浙诸多名校的做法，值得借鉴。

一是勇于改革创新，抢抓教育发展机遇。新一轮高考改革的特征是选择性的考试倒逼学校、学生和家长如何实施与顺应选择性高中教育，原有的教学秩序、管理思路、评价机制、师生定位等均发生了颠覆性改变。沪浙两地许多学校均能迎难而上，抢抓机遇，勇于改革，更新教育理念，调整办学思路。在近几年的新高考中，两地的学校均取得了很好的战绩。有的学校以中等生源质量，实现了在高考一档线上有重大突破的骄人战绩；有的学校打通了高校自主招生通道，让学生实现了"上一流名校"的梦想。

二是开展生涯规划和学生选科指导。沪浙两地许多学校都坚持学生第一的教育理念，非常重视学生生涯规划指导，把生涯规划指导融入学校德育课程体系，激发了学生的内驱力，增强了学生自主学习的意识和自我管理的能力。许多学校均成立了领导小组，组建了导师团队，开展了丰富多彩的社会实践活动，建立了学生生涯规划档案。各校均通过德育课、心理健康课、专题教育、心理测评等多种方式对学生进行选科辅导。许多学校生涯规划基本实行"三步走"，即引导学生进行"自我认知""职业规划"和"学业规划"。各校均重视积累生涯规划资料和连续三届学生的选科资料，对本校学生生涯规划和选科进行跟踪研究，并及时调整选科指导策略。

三是实施科研兴校战略。沪浙名校均把激发教师智慧，培养优秀教师作为学校发展和质量提升的生命线。如浙江省桐乡市高级中学和凤鸣中学均在努力建设一支"做人讲品格、工作讲品质、生活讲品位"的德艺双馨的教师队伍。又如嘉定一中推选了30多位年轻的教师作为创新种子教师，给他们压担子、搭平台，切实推进创新教育发展。沪浙名校注重教师队伍建设的首要举措是开发校本课程、开展课题研究和实施科研兴校战略。以浙江省桐乡市高级中学为例，自1995年建校以来，教师在各级各类报刊上发表和获奖的论文达900多篇，完成各级各类课题80余项。嘉定一中是上海市教育科研先进集体，该校许多学生开展了研究型学习，且科研成果丰硕，这与指导教师雄厚的教科研实力是密不可分的。

四是调整机构职能，创新管理评价制度。新的高考改革倒逼学校重新考量学校的管理思路和管理模式，要么赋予原有机构新的职能，要么对原来的管理机构进行解构重组。嘉定一中采取的是"级部并行管理制"，解构原有管理机构，成立四个职能部门：后勤保障部（方向是后勤社会化）、课程开发部、教师发展部和学生发展部。

后面三个部门做的是顶层设计，其负责人具有前瞻意识、国际视野、创新精神和一定的教科研能力。他们带领创新团队开发校本课程，编写学校特色教材，遴选创新种子教师，基于数据分析来规划学生生涯课程，开展学生职业生涯规划和选科研究。

五是优化校园环境，办安静而丰富的学校。以我2017年考察的沪浙两地的六校为例，校园环境优美高雅，安静而舒心；文化氛围浓郁，多彩而丰富。校园环境的优美、安静、多彩、丰富，理所当然包括师生关系、校长和教师自信力在内的人文氛围。优美的校园环境，一流的教学设备，融洽的人际关系，远见卓识的校长，奋发有为的师生等，都是一所学校办学质量和办学品位的集中体现。

沪浙作为高考改革试验区，顶住了来自社会、家长和学生方面的巨大压力，承担了巨大的改革风险，在改革过程中积累了丰富的经验，培育了一支具有改革意识和开创精神的教育团队，为后续改革积淀了丰厚的资源。这也为即将进入高考改革的省份，提供了宝贵的、可供借鉴的经验，让我们可以少走许多弯路，大大减少了高考改革的风险。省内许多普高不甘落后，紧跟改革步伐，积极探索，积累了人力资源和一些成功经验，取得了颇为显著的成效。

一是开展选课走班试点。如寿县一中和合肥十一中多年前就实施了体育课走班教学，既满足了学生的体育兴趣，又培养了学生的运动技能和团结协作精神。又如枞阳中学四五年前开展了分层走班实验。我曾两次到该校参观学习，这种分层走班教学的改革，既让教师树立了危机意识，又在一定程度上激发了教师自我发展的内驱力，最关键的是让不同层级的学生都得到了提升和发展。这些试点为应对新一轮高考改革，积累了宝贵的经验。

二是开发德育校本课程。如安徽省潜山野寨中学结合校情开发了系列德育校本课程。该校园内有国民革命军第48军176师抗日阵亡将士陵园，是培植学生爱国精神的实践基地。该校将德育落实在"做"的实践中，真正做到了知行合一。又如太湖中学，把德育、学法指导、生涯规划教育进行系统规划，纳入学校德育大系统，从高一到高三，有针对性地开展系列德育教育活动，旨在提高学生自主学习、自主管理、自主规划和自主发展的能力。

三是加强师资队伍建设。如合肥市第四中学注重吸纳优质教师，注重青年教师的培养，夯实学校发展的第一资源。又如合肥市第七中学，近几年来大量引进公费师范生，其中三十五岁以下青年教师占学校教师总量的70%，并提出"得青年教师，得七中未来"强师计划。

四是注重文化兴校。如合肥市第四中学高起点远规划，校园文化建设处处融入"四中"元素（大门、实验楼、校徽、校服、校卡），把一个平凡的"四"字赋予了吉祥如意、开拓进取的含义。学校注重激发学生的内驱力，通过丰富多彩的校园社团活动，勉励学生向阳而生，向美而行，这充分体现了该校"为未知而教，为未来而学"的理念。又如安徽省马鞍山第二中学，以学校文化建设为抓手，打造学校物质文化，提升空间领导力；优化制度文化，厘清管理全路径；形成行为文化，追求教育高品质；厚重精神文化，增强团队凝聚力。这真正体现了人才强校、质量立校、文化兴校的办学理念，更是彰显了"整个的校长"的卓越领导力。

三、普高回归教育本真的愿景

反思当下教育，教育的本真应该是"千教万教教人求真，千学万学学做真人"。实行本真教育的学校应该是陶行知先生"整个的学校"的升级版。陶行知先生的"整个的学校"包括以下四个标准。

一是生活的学校，是生活教育的学校。陶行知先生当年推崇的

丁超校长创办的南京燕子矶国民学校，在学校开商店，为学生服务；开辟工作室，邀请工人师傅指导学生使用工具；建设农耕园，让学生体验农艺生活；开办平民学校，教农民识字；组织学生整理燕子矶公园，开展社会公益活动。

二是健全的学校，是全人的学校。陶行知先生强调，培养学生要做到知、情、意合一，智、仁、勇合一；主张学校的知识教育、情感教育和意志教育三者并重，使学生的人格得到完备发展；主张兼修"智、仁、勇"等传统美德，即培养全面发展、品学兼优和人格完善的全人。

三是教学做合一的学校。这既是生活法，也是教育法，其含义是教的方法根据学的方法，学的方法根据做的方法。做是核心，在做上教，在做上学。

四是自动主义实验学校。学校应注重培养学生自理和自治能力。在智育上注重自学，在体育上注重自强，在德育上注重自治。因此，"整个的学校"应该是健康、科学、艺术、劳动与民主组成的和谐的生活，即和谐的教育。

遵循国家教育方针，坚持"德、智、体、美、劳"五育融合发展，创办多层次、有特色的普高教育，是陶行知先生"整个的学校"的升级版。在创办这个升级版学校的过程中，应注重各门学科核心素养的培养，应融入社会主义核心价值观培育，应明确和彰显"立德树人根本任务"的落地生根。

多年前，我有幸聆听了我国台湾教育家高震东先生的报告，其"中国教育，我的责任"的担当精神，令我深深震撼。他创办的忠信学校，非常注重学生自理能力和自治能力的培养，其培养的毕业生深受社会和用人单位的好评。该校诸多做法正是继承和发展了陶行知先生的"生活教育"理念，值得仿效。

我们普高校长也要有"中国教育，我的责任"的担当精神！要继承和发扬陶行知先生的教育家精神，用整个的心、做"整个的校长"、办"整个的学校"，促普高教育转型，回归教育本真，培育时代新人。

[本文写于2020年冬，系安徽省第55期高（完）中校长任职资格培训班结业论文，略有改动]

幸福至上，朴素最美，教育归真

——李镇西教育思想的核心理念

李镇西被称作"中国的苏霍姆林斯基式的教师"，是当下具有重要影响力的教育专家之一。我有幸聆听了李老师《朴素最美，关注人性做真教育；幸福至上，享受童心当好老师》的报告之后，认真梳理，大体可总结为以下三点。

一、做到"四个不停"，追求幸福至上

李镇西老师以英国《太阳报》一次"什么样的人最快乐"的问卷调查切入正题，揭示快乐的四个源泉：创造性劳动，有梦想，心中有爱，有帮助别人的专业能力。一名优秀教师不仅要做到有创新、有梦想、心中有爱，更要有帮助学生成长、成功、成才的专业能力。一名好老师的标准是"三好一会"，即课上得好，班带得好，分考得好，会转化后进生。如果要做一位名师，还要加上"能说""会写"两个标准。李老师用自己的成长经历告诉大家：要自己培养自己，就要以名师为标杆，做到"四个不停"，追求幸福至上。

一是不停地实践与积累。把每一堂课都当作研究课，把每一个班都当作试验田。李镇西老师在实践中不断积累，珍藏了执教以来学生的作文、日记，写给学生的信，学生写给他的信，与学生一起郊游的照片，当年"未来班"唱班歌的录音磁带，等等。有的学生

30年后来看他，他还能拿出学生当年写的日记、信件或照片，这让学生何等的感动！这些素材既是珍贵的回忆，又是撰写教育故事的源泉。

二是不停地思考，即思考每一天的教育教学行为，尤其是对自己错误的思考。通过思考，把每一个错误都变成一笔财富。李老师当年因批评某同学的时机、场合、方式不当，一度伤害了该同学。于是，他在每届学生毕业时均要收集学生对他的建议，包括他的过错，并以该同学为镜，反思自己的过错，让他更加懂得尊重学生，呵护学生稚嫩的心灵。这样不断地反思助推了他的成长与成功。从他撰写的教育随笔来看，他善于从司空见惯的教育现象中思考问题，提出自己独特的真知灼见。

三是不停地阅读。不读书，为师者，你无以教；为人者，你无以活。李镇西老师引用北京大学陈平原教授的话："如果你发现自己已经好长时间没读书，而且没有任何负罪感的时候，你就必须知道，你已经堕落了。"他还列举了几位大师的成长经历，这些大师虽仅有初中甚至小学学历，却通过广泛阅读、博览群书自学成才，因此他发自内心地反省："和老一辈大师相比，我们连学者都谈不上！"李镇西老师推荐阅读四类读物：一是阅读教育报刊，了解同行在思考什么；二是阅读人文书籍，拓宽视野，培养自己的人文素养；三是阅读有关中学生的书，以便走进学生的心里；四是阅读教育经典，与大师对话，真正的经典永恒而平易。李老师列举了近几年给成都市武侯高级中学老师推荐的书目有《陶行知教育文集》《育人三部曲》《新教育》《教学机智——教育智慧的意蕴》《南渡北归》《思痛录》《我与八十年代》《当代中国八种社会思潮》《幸福的哲学》《陆犯焉识》《人文精神的哲学思考》《中小学教师如何用哲学》《陈寅恪与傅斯年》等。

四是不停地写作。他建议教师每次上课写教学总结，为将来留下记忆线索；写教育随笔，灵活自由，可长可短；写教育故事，怎么发生的就怎么写；写课堂实录，及时追忆，情景再现；写教育论文，有血有肉，有感而发。正如他认为，坚持不懈地写作，能够使一个教师由普通走向卓越，由平淡走向幸福！李镇西老师的代表作有《青春期悄悄话：致青少年的101封信》《爱心与教育：李镇西素质教育探索手记》《走进心灵：民主教育手记》《从批判走向建设：语文教育手记》《教育是心灵的艺术：李镇西教育论文随笔选》《李镇西的班级史册之二：花开的声音》《风中芦苇在思索：李镇西随笔选》《教有所思》《李镇西与语文民主教育》《给教师的36条建议》《做最好的班主任》《做最好的家长》《做最好的老师》等十多部。

不停地实践与积累，不停地思考，不停地阅读，不停地写作，这的确是李镇西老师的成功之道。践行终身学习理念，海纳百川，博采众长，拓宽了他生命的长度、宽度和高度，创造了幸福的人生。

二、远离功利浮躁，秉承朴素最美

2006年，李镇西担任成都市武侯实验中学的校长。像这样一位全国知名的教育专家任职的学校，理应会成为媒体关注的焦点，但李镇西老师不想把教育功利化，不想让浮躁的社会氛围侵蚀校园，他谢绝参观，恪守校园一方宁静，秉承朴素最美的办学宗旨。这既是悟道，也是守道，恪守教育的基本规律和底线。他认为教育不是拿给别人欣赏的！拿给别人欣赏的教育其实并不是教育本身，那些也不是学校的常态。

学校的一切是为谁而存在的？乌克兰帕夫雷什中学的办学宗旨值得借鉴。苏霍姆林斯基当年在德育、智育、体育、美育、劳动技术教育以及学生个性发展、教师专业成长等方面的探索实践，极富创意，又很前卫。因为苏霍姆林斯基不但谢绝宣传，而且他刻意让学校保持世外桃源一般的宁静，所以帕夫雷什中学一直没有络绎不绝的参观者。学校的一切都是为了孩子，孩子快乐成长，就足够了，有没有媒体的追捧无所谓，有没有领导的题词没关系，因为教育不是拿给别人欣赏的。

反思当下的教育，过度追求功利化，浮躁的社会风气逐渐侵蚀校园，让有些校园不再是一方神圣的净土。部分学校片面追求升学率，教师为考分而教，学生为考分而学。这些学校成了"高考工厂"，学生成了"考试机器"，教师成了制造"考试机器"的工人。学校的外来干扰太多，形式主义的东西不少。一些基层学校抱怨，一些没有必要的检查大大加重了学校的经济和精神负担，影响了学校正常的教学秩序，甚至严重影响了教师的本职工作。

国家的职责是建好每一所学校，配好各种教育教学资源，提高教师待遇，激励优秀人才进入教师队伍。学校关键要解决教师乐教、学生乐学的问题，让教师爱岗敬业、乐教善研，让学生快乐学习、德智体美劳全面发展，为学生做合格公民奠定坚实的基础。

守护校园宁静，坚守朴素最美，需要我们广大教育者深思，更需要我们政府和教育主管部门决策者深思！

三、坚持因材施教，回归本真教育

李镇西老师在报告中列举了大量的案例，其中许多都是转化后进生的成功案例。他的一位学生这样写道："老师对我，应该说对我们大家最深的印象，就是他那充满爱的心怀，不论你是怎样的学生，学习成绩好不好，生活习惯好不好，家庭背景好不好，他都一视同仁，而且越是学习落后或者习惯不好的学生，李老师常常会倾注更多的心血。"李镇西老师说："转化后进生是最好的教育科研。"他以

引导后进生邹冰实现成长蜕变的案例说明：每位学生的内心深处都蕴藏着渴望被认可，实现自我价值的正向期待。他还为如何转化后进生，给各位老师支招：一要相信孩子，二要班级温暖，三要集体帮助，四要维护尊严，五要建立信任。

在李镇西老师的首届"未来班"里，有许多普普通通的学生，但在李老师眼里，他们都很优秀，因为他们秉承了"未来班""正直、团结、勤奋、创造"的班训，因为他们心中有理想信念，唱着歌儿向未来！

李镇西老师一直在践行陶行知先生的教育思想。他最推崇陶行知先生儿童教育的思想，倡导教师要有儿童般的情感，要有儿童般的兴趣，要做有童心的教育者。他很推崇陶行知先生倡导的：用儿童的眼睛去观察，用儿童的耳朵去倾听，用儿童的大脑去思考，用儿童的兴趣去探寻，用儿童的情感去热爱！他在多种场合，引用陶行知先生的名言：您若变成小孩子，便有惊人的奇迹出现，师生立刻成为朋友，学校立刻成为乐园；您立刻觉得是和小孩子一般儿大，一块儿玩，一块儿做工，谁也不觉得您是先生，您便成了真正的先生。他还多次引用苏霍姆林斯基的名言："如果我跟孩子们没有共同的兴趣、喜好和追求，那么我通向孩子心灵的通道将会永远堵死。"

剖析李镇西老师的报告，可以得出：教师教学，要因材施教，以学生为本；教师要尊重生命，教人求真，要教会学生爱，懂得爱，并传递爱，让学生树立"人们因我的存在而感到幸福"的观念。

"千教万教教人求真，千学万学学做真人"，舍弃浮华，脚踏实地，返璞归真！我们要把本真教育变成一个金色的梦，通过实践把这个梦想变成蓝图。

关注留守学生健康成长，加强生活教师队伍建设

改革开放给农村带来了活力与生机，农村剩余劳动力的合理有序流动，让许多农村家庭走上了富裕之路。随着越来越多的农村中青年夫妇双双外出务工或一方外出务工，其子女却留在老家，由于家庭教育缺失或不到位问题，引发广泛关注，一个带有鲜明时代烙印的名词"留守学生"应运而生。

一、留守学生的现状分析

查阅相关资料，对"留守学生"的概念，大致定义如下："留守学生，即由于父母双方或一方外出务工而被留守在家乡并且需其他亲人或委托人照顾的中小学生。"留守学生中也不乏学习佼佼者、品德优良者、素质全面者，但就总体表现而言，留守学生存在的问题也不少，大致有以下三类：一是不良习惯多，如抽烟、喝酒、打架、穿异服等；二是情绪不稳定，自控能力差，易被外界诱惑，产生不同程度的心理异常；三是成绩不佳者甚多。

相对于小学学段而言，处于义务教育的初中阶段，是学生产生叛逆心理的高发期。部分学生会产生或多或少的心理问题，学校管理亟须家长的配合与支持。

许多基层初级中学的一线管理者反馈，在处理这些违规违纪事

件时，找孩子的父母他们远在千里之外，远水难救近火；好不容易找到孩子的爷爷奶奶、外公外婆或其他监护人，他们常常只管孩子的日常吃喝，管不了孩子的交友玩乐，更管不了孩子的学习成绩和心理疏导。

在统计和分析中小学生四类违纪行为即"早恋、赌博、打架和盗窃"问题时发现，来自外出务工家庭的孩子所占比例很大。据与许多违纪的留守学生接触、谈心，了解到他们的心理处于一种亚健康的状态。这种亚健康状态与其父母双双外出、缺乏家庭归属感、缺乏父母的爱与管教，即家庭教育缺失或不到位直接相关。

二、建设生活教师队伍的必要性

许多教育工作者早已在关注留守学生的成长与有效管理，也意识到留守学生家庭教育缺失问题的严重性。他们也曾做过多方面的努力，开展过实地家访或电话家访，与留守学生谈心谈话，联合派出所集中整治、适度惩戒。这些措施对部分留守学生有效，但对那种积重难返的留守学生，成效不是很显著。究其原因，关键是周末以及其他放假时段，因家庭教育缺失，这些留守学生的学习、生活和休闲，难以得到合理引导和有效管控。

我经过多年思考以及与多位教育有识之士谈心、探讨，认为针对留守学生组建生活教师队伍，担当起其父母、教师和朋友等多重角色，是解决留守学生健康成长问题的关键之一。建设生活教师队伍的必要性有以下两个方面。

一是因为有不良表现的留守学生已经给校园、农村社区带来了极大的安全隐患。极少数品行不良的留守学生和社会闲散人员拉帮结伙、骚扰校园，敲诈学生财物，约架斗殴，甚至胁迫女生与之恋爱。这极不利于学校风气的整治和纯净校风的形成，让许多学生感到正气不足，邪气有余，这对正处于人格定型、人生定向的中学生来说，是一种极为不利的消极因素。

二是因为有不良表现的留守学生自身发展令人担忧。这些留守学生心智发育不全，缺乏应有的道德底线，他们终将会走向社会，融入农村或打工者行列。他们的人格缺陷和心理亚健康状况，将导致他们有可能走上邪路，甚至是不归路。

从"救救孩子"这个角度出发，建设一支有家庭教育专业知识，有爱心、有责任感的生活教师队伍，是挽救误入歧途的青少年和预防未成年人犯罪的最佳方法与途径，同时还可以减少未来社会的管理成本。

三、建设生活教师队伍的可行性

结合当前形势和国家的经济条件与教育政策，分析建设生活教师队伍的可行性，具体阐述如下。

一是有国家财力上的保障。国家减免了农业税和农村学生的学杂费、书本费，对于特别贫困的学生还给予生活补贴，这是广大农民的福音。国家投入了大量的资金，对广大农村教师进行业务培训。如2004年暑期，安徽省教育厅组织了利辛、阜南、岳西三个贫困县的部分教师进行了专业培训，且补助生活费、车费。这是新一轮教育投入转向农村的具体体现。国家还出台了一系列政策扶持农民外出务工及农民工随迁子女入学。政策和资金扶持很有必要，但我认为最需要的还是如何让子女享受优质教育、未来更好发展的问题，这不仅关系到一个农村家庭未来的希望，也关系到社会安定和谐。如果政府在教育投入上拨一部分资金，专门用于解决生活教师工资及待遇问题，无论是从现实还是从国家长治久安方面来看，都是高瞻远瞩的可取之举，现在花小钱避免将来花大钱，为社会综合治理

节约管理成本。正如南京师范大学杨启亮教授所言："现在教育好孩子，就是为国家节约成本！"他曾说，为了一个或几个犯罪分子，要警察抓捕（甚至付出生命代价），要法院开庭审理，要律师辩护，还要花钱造房子（监狱）给他们住，还要给他配备服务员和门卫（监狱警察），这是一笔多么大的管理成本啊！预防青少年犯罪，要从源头上抓起，从娃娃抓起，从中小学生抓起，从那些有不良习气的留守学生抓起。早投入、花小钱，抓早抓小，是明智的选择。

二是教师相对过剩和师范类大中专毕业生就业困难。随着农村人口出生率的下降，生源萎缩，教师相对过剩。农村富余教师中有一大批是农村教育的忠诚卫士，他们大都人到中年，经过培训完全可成为一支极富战斗力的生活教师队伍。如果能有计划地招考一批有新的教育思想和现代教育技术的大学生进入农村中小学岗位，为教育注入新鲜血液，同时将一批在家庭教育方面有经验的、责任心强的、有爱心的中年教师编入生活教师行列，充分发挥他们的优势，岂不是两全其美？

四、创建生活教师队伍的几点构想

一是明确生活教师的职责。生活教师可分为两类。一类是专职生活老师，他们的职责主要是在周末及暑假期间与留守学生相处在一起，帮助他们养成良好的学习、生活习惯，培养他们正确的娱乐方式，并进行心理疏导。他们的角色是长者、教师、父母、朋友的集合体。与留守学生父母建立固定的联系制度，大体上一个生活教师负责10~20个留守学生。另一类是兼职生活老师，由学校领导、班主任及科任教师乃至社会上有爱心的志愿者构成，他们可以协助管理留守学生。

二是加强生活教师的培训力度。培训可由上级主管部门或由各乡镇中心学校组织。培训经费可由国家财政从有关资金中列支，学校要大力支持此类培训，各中小学校长要作为培训活动的具体责任人和领导者。培训的重点是明确责任和提高生活教师心理辅导技能。

三是加强生活教师与家长的联系。家长应在外出务工之前与学校签订相关责任委托书，指定代理监护人，学校和家长就留守学生教育与管理问题必须明确双方责任与义务。家长应承担必要的费用。生活教师与家长及代理监护人应定期进行沟通，探讨有关子女教育问题。

四是做好留守学生假期活动安排。为了便于管理，由生活教师制订相应计划，在周末或暑假可集中于所在村小学或中学活动。生活教师可带领孩子们学习、做饭、洗衣和开展体育活动等，还可以组织他们从事适量的体力劳动，如种菜、养花之类，主要是引导他们学会健康的生活和休闲。

五、创建生活教师队伍的意义

近期意义。创建生活教师队伍是为了管理好留守学生，让学校更加和谐安宁，充满朝气。

中期意义。创建生活教师队伍可凸显学校办学特色，真正体现以人为本的教育，真正体现全面发展的教育。

深远意义。创建生活教师队伍可以有利于社会风气的好转，为留守学生创造良好的发展环境，减少影响未来社会安定的隐患，有利于创建真正的和谐社会。

总之，创建生活教师队伍是立足于农村教育长远发展，落实科学发展观，坚持以人为本，坚持走农村教育特色发展之路的构想。愿我们解放思想，实事求是，与时俱进，一起关注留守学生的成长，为他们开创美好未来而不懈努力。

（本文写于2005年春，我在店前初中任校长期间）

关于岳西中学班主任管理制度的思考与建议

近几年，岳西中学的高考成绩连年攀升，究其主要原因应是学校领导实施了两手抓：一手抓班主任管理，一手抓教研工作。这两手抓，抓出了辉煌的高考成绩，抓出了良好的社会影响力，抓出了火爆的高一招生形势。

班主任是学校管理队伍的排头兵，是学生全面发展的领路人，是协调学校、家庭、社会等各种教育力量实施教育改革的实践者。确立班主任在班级管理中的核心地位，有利于充分发挥班主任的管理优势，有利于班主任团结授课教师，联合学生家长形成一股教育合力，确保班级健康、和谐发展。

一、岳西中学现行班主任管理制度的优点

一是确立了班主任在班级管理中的核心地位，二是激发了班主任管理班级的积极性和创造性，三是提升了班主任在教育管理方面的成就感和自豪感。

二、岳西中学现行班主任管理制度的不足

一是现行考勤制度不利于班主任的身心健康。现行考勤制度要求班主任周一至周五，每天早晨要跟操，晚上要到寝室巡查签到。

班主任每天早晨6点钟起床，晚上11点多钟才能到家，睡眠时间严重不足。河北泰华中学的一位班主任戏言："起得最早的人是我，睡得最晚的人还是我！"这也是岳西中学班主任的真实写照。一天两天这样起早贪黑，尚可以坚持，如果月月如此，年年如此，长期的睡眠不足就会加快衰老速度，势必会对班主任的身心健康造成不良影响。

二是现行管理制度不利于优秀班主任的经验传承。成功人士必有可敬之处，优秀班主任必然有值得大家学习的独到之处。遗憾的是，现在的岳西中学班主任基本上是单兵作战，优秀班主任（如储诚节老师等）的许多优秀的班级管理经验得不到推广。有些年级曾经尝试在班主任例会期间，由班主任轮流介绍班级管理经验的做法可惜没有坚持下去。欣慰的是，岳西中学首届班主任论坛为优秀班主任介绍先进班级管理理念提供了一个很好的平台，为我们向优秀班主任学习提供了一个绝好的机会。

三是现行管理制度不利于年轻班主任的茁壮成长。年轻的班主任精力旺盛，有许多新思想、新方法、新点子。但现行班主任管理体制是让他们摸着石头过河，慢慢积累班级管理的经验，这样成长周期会比较长。许多名校的经验是建立新、老班主任之间的帮扶结对机制，以老带新，或组织年轻班主任外出参观、学习，或请校外优秀班主任到校做报告，促进年轻班主任迅速成长。

三、对岳西中学现行班主任管理制度的建议

近几年，岳西中学通过全体教师的共同努力，通过各位班主任的勤跟班、勤管理，实现了教学质量的全面提升。我认为学校班主任管理制度还可以从以下三个方面进行改进：

一是实行弹性考勤制度，维护班主任的身心健康。要实现班主

任的可持续发展，必须关注班主任的身心健康。实行弹性考勤制度，即将现行的每周一到周五的早操跟班和晚就寝巡查制度合理组合。如要求班主任每周早操跟班3次，晚就寝巡查3次，提高每次早操跟班和晚就寝巡查的效能。为了消除管理中的盲区，班主任之间可加强协作，每两位班主任组成一个合作小组。两人在催促学生起床、早操跟班、晚就寝巡查等方面进行分工与合作，每位班主任在值日这一天要负责两个班级的早操质量和晚就寝时的卫生及纪律督查等。这样班主任可以选择在某天进行晚就寝巡查，第二天就不需要早跟班了。这种班级合作制在一定程度上可以缓解班主任睡眠时间不足，有利于维护班主任的身心健康，有利于提升班主任的管理水平。

当然，在解放班主任的同时，也要加强学生自主管理能力的培养，特别是培养尽职尽责的优秀学生干部，让他们在两操管理、寝室管理等多方面成为班主任班级管理的得力助手。教育家魏书生认为，管理水平的提高应该体现在规章制度的科学性上。如果规章制度制定得科学、符合人们的心理，那么不用紧盯，人们也能自觉遵守。这恰恰印证了我校程校长多次强调的教育管理理念："管是为了不管！"

二是加强班主任工作指导，并鼓励班主任创新班级管理理念。魏书生老师认为，教育是帮助人养成良好习惯。他的班级管理有一日常规、一周常规、一月常规、学期常规和学年常规。他当校长之后，在全校推广；他当教育局局长之后，在全市推广。这种重视学生良好学习习惯的做法值得我们借鉴。我校班主任单兵作战的管理模式显然不适合形势发展的需要。这就要求学校领导和班主任必须研究新的形势下班主任工作的新思路、新方法；要积极研究全国名校先进的班主任管理经验，实现班主任管理的规范化和科学化；要鼓励班主任在管理中创新，不断完善和发展班级管理理念，彰显班级管理的特色。

岳西中学的班主任队伍中老、中、青比例比较合理，老班主任有好的经验和方法，新班主任有热情和新思维。老、中、青班主任之间应该相互学习和交流。正如校领导经常倡导的那样：你给我一个好方法，我给你一个好方法，彼此都有两个好方法。这种合作交流要形成制度，落实到行动上来。如每周的班主任例会要改变领导讲、班主任听的方式，要变单向交流为双向互动。班主任例会应该成为班主任之间相互切磋的交流会，校领导和班主任共同研究班级管理中共性问题的研讨会，班主任向学校提出合理化建议的献计献策会。

三是形成班主任定期培训、外出参观的学习机制，提升班主任教育管理水平。时代在发展，教育在改革，我们的教育对象也在不断发生变化。每一届学生的世界观、人生观和价值观都在悄然发生变化。他们中有的家庭比较富裕，有的是独生子女，有的独立意识较强，等等。这就要求我们要加强学习，要紧跟时代步伐，要研究学生发展过程中出现的新问题。因此，要形成一种长效机制，定期对班主任进行培训或选派班主任代表到名校参观学习。如岳西县店前中学与安庆市第四中学结对为友好学校，店前中学定期派老师到安庆市第四中学跟班听课，与结对老师交流，这种方式值得借鉴。

这几年，河北衡水中学、六安毛坦厂中学高考成绩备受全国关注，他们的班级管理自然有其独特的经验。河北衡水中学的许多优秀班主任敢于创新，最大限度挖掘班级学生发展潜能的管理模式非常有借鉴价值。如某些班级每次段考一比高下；某些班级男女生之间开展比、学、赶、帮、超活动；某些班级自己设计班旗、班徽，早晨跑操时高喊自己班级的口号，激发学生的集体荣誉感等。我校也曾经将河北衡水中学的有关视频挂在学校网站上，倡导大家学习，

但这种学习仅仅是从网上观看视频，缺乏身临其境的真切感受，也就难以产生持久的学习热情和动力。如果能够组织班主任到该校参观学习，或者邀请该校部分优秀班主任来岳西中学现身说法，我想那将起到与观看视频绝然不一样的效果。

我们正置身于一个教育改革的时代，一个使学生成为学习主人的时代。班级管理不是"自古华山一条路"，而是"条条大路通罗马"。班级管理需要试验和改革，需要班主任用广阔的视野、敬业的精神、科学的方法、尊重并热爱学生的人性关怀，在"学生心灵上耕耘"。我们要在班级管理实践中积极探索、勇于创新，着力提高班级管理的艺术。

（本文写于2010年春，我在岳西中学担任班主任期间）

智慧学校，热点问题冷思考

印第安人的远足习俗是每走三天，休息一天，等候灵魂跟上躯体。面对当下如火如荼的智慧学校建设，我们认为热点问题需要冷思考，不妨借鉴印第安人的远足习俗，让智慧学校建设热度冷一冷。

一、安徽省智慧学校建设现状

智慧学校综合运用云计算、移动互联网和物联网、大数据、人工智能等新兴信息技术，逐步形成"可感知、可诊断、可分析、可自愈"的新型校园生态，涵盖教学、教研、学习、管理、生活和文化的流程再造与系统重构，是教育信息化发展的2.0版。智慧学校是教育现代化的远景目标。

2010年，教育部发布《教育信息化十年发展规划（2011—2020年）》，目的是借助教育信息化带动教育现代化，以期破解制约我国教育发展的难题，促进教育的创新与变革。安徽省教育信息化的建设目标是：到2020年，全省所有市、县（区）都要推进智慧学校建设，部分学校达到安徽省普通中小学智慧学校建设标准。2018年，已遴选300多所普通中小学（含乡镇中心学校及其教学点）作为智慧学校示范学校或实验学校，选择有关市、县（区）作为智慧学校示范区。我省智慧学校建设、发展的步伐适度超前，符合国家教育

第一辑 教育管理

信息化远景规划。

从目前全省智慧学校建设情况看，学校教育管理的信息化，后勤服务的信息化，教师的网上学习和课堂教学信息化，在国家及省政府大力支持下，在省教育厅及各级教育主管部门领导下，发展速度快，程度高，迈向教育现代化的步伐坚实有力，但也面临教育理念、教师培训、学生网络自控力以及地方财力等方面的问题和困难。

二、全省推进智慧学校建设面临的困难

安徽经济实力总体不是十分雄厚，人才资源不是十分充裕，推进智慧学校建设面临诸多困难。

一是教育理念待跟进。智慧学校尤其是智慧课堂建设，将引领无纸笔学习时代的到来。学生通过键盘输入、屏幕上的手指书写或者语音录入系统，就可以在网络上完成传统的作业、考试或者写作。有人担心无纸笔学习推行后，语言文字表达方式、知识的记忆和存储方式都将发生根本性改变；未来的青少年或许离开了电子设备，就无法准确表达自己的思想，展示自身的文化素养，"什么都在电脑里，我会查"或将成为常态。

现代教育确实要思考信息化背景下中华优秀传统文化的有效传承这一课题。在推进智慧学校建设过程中，要切实做到教师和学生有效运用信息技术而不是过度运用。

二是教师培训待跟进。教师整体信息化技能不高，尤其是部分乡村教师长期坚守乡村教育一线甚至是乡村教学点，一人兼任数个学科教学，教学任务繁重，大多数人不同程度存在职业倦怠心理，要敦促他们不断超越自我、更新教育理念、勤练教育信息化技能，保障信息化正常运行，这是一个巨大挑战。

依据安徽省智慧学校建设宏伟蓝图，率先在乡村教学点实施智

慧学校建设。教学点教师的信息技能培训和理念更新务必要同步跟进，同时要切实让教学点教师消除这样的疑惑：教学点教师面对几名学生，为何不面对面开展传统教学，非要通过平板电脑来开展教学？

在教学点率先推进智慧学校建设，本意是让乡村孩子能通过网络资源，享受城市优质教育资源。乡村教师培训，重点之一是提高信息化技能，重点之二则是善于运用优秀教师的课程资源。充分发挥乡村教学点教师的主导作用，增强其配合意识，也是培训内容之一。

三是学生网络自控力待加强。微信上曾流传这样一句话，"要毁掉一个孩子，只要给他一部手机"。孩子自控力不强，学习自觉性不高，部分学生因争取玩手机或玩网络游戏的权利，与父母、老师斗智斗勇，甚至有个别极端学生因父母或教师收缴手机而跳楼，因教师（或父母）控制自己玩手机而失去理智杀害教师（或父母）。

全力推进智慧学校建设，给每位学生配备一台平板电脑，想要让学生把平板只用于学习，不用于玩乐，学生网络自控力尚有待加强。

四是地方财力跟不上。依据安徽省教育厅推进智慧学校建设实施意见，地方政府必须配套学生用平板电脑和智慧学校日常运转费用。但安徽省地方财力远远满足不了智慧学校建设的资金需求，配套建设资金难以做到足额配备。以岳西县为例，人口约40万人，2018年可用财力不足13亿元，这几年为了决胜决战脱贫攻坚投入很大。全县义务教育阶段学校全部班级数（包括教学点）约1100个班，按每班配备20万元电子产品预算，使用年限是5年左右，全县需投入约2.2亿元，还不包括智慧学校建设中的诸如网络维护的日常费用等。

显然，要求地方配套资金足额到位很难，甚至省里耗巨资配备了智慧学校建设相关硬件，地方政府和教育主管部门也无力保障设备的正常运转。

三、对智慧学校建设的几点建议

教育信息化发展已经进入新阶段，我认为要对热点问题进行冷静思考，总结经验，稳步推进教育信息化。

一要充分发挥"班班通"等现有信息化装备的功能。现有的"班班通"主要设备"电子白板"，对提高教师教育教学技能，提高课堂教学效率，提高学生学习兴趣，均发挥了很好的辅助教学功能。有专家说，白板功能至多使用了1/3，使用潜力还很大。我们建议，在教育信息化1.0迈向2.0进程中，放缓脚步，将条块分割的信息化装备，以县为单位，整合到一个云平台上；让学校成为信息化装备终端使用者，研究如何提高电子设备的使用效率，通过定期对一线人员教育信息化技能培训、定点培养乡村学校信息化管理人员等，引导学校用好、管理好电子装备，延长使用寿命，提高其教育管理、后勤服务、辅助教学的功能。

二要寻找网络教学负面效应的破解策略。信息化的迅猛发展，人与人之间交流越来越便捷，但许多人让交流与网络单一相连，对网络产生严重依赖，低头一族随处可见。智慧学校的到来，电子设备长期的辐射，会使学生的视力严重受损；长时间使用平板电脑，会对学生的颈椎、腰椎造成损伤；长时间的人机互动，对学生的性格、心理、适应社会环境的能力等均会造成一定的负面影响。在这些网络化学习负面效应没有得到有效遏制的情况下，大力推进智慧校园建设的速度不宜太快。

为此，我建议，以教育主管部门为统领，以一线骨干教师为中坚力量组建教研团队，开展基于网络及智慧学校建设前提下的电子备课、跨校教研模式研究；开展学生思想品德教育模式、师生互动模式、传统文化教学模式、学生视力健康维护、学生网瘾戒除等一系列研究，寻找破解网络教学负面效应的有效策略。一旦这些研究取得较为理想的成果，推进智慧学校建设自然水到渠成。

三要落实立德树人目标的思考。党和国家的教育方针是培育德智体美劳全面发展的社会主义建设者和接班人。教育不单纯是智力教育，更为重要的是德育教育。如果师生之间仅单纯通过网络交流，学生拿着平板，教师紧盯多媒体，甚至通过远程教育，通过视频对话与交流，这是无法达到"亲其师，信其道"的目的，也不能有效落实立德树人根本任务。

"亲"的过程就是师生沟通和探讨的过程，就是心灵与心灵、思想与思想碰撞的过程。教育人的第一职责是育人，其次才是教书。诸如情感、态度、价值观的渗透，核心素养的培养，社会主义核心价值观的培育等，都需要为师者言传身教，需要教师与学生的朝夕相处，面对面的交流，全方位观察与了解，才能有针对性地施策，从而达到以德育人的目标。

四要稳健推进智慧学校建设的步伐。在2018年长三角基于大数据的区域教育评价变革论坛上，中国教育学会副会长、上海市教育学会会长、国家督学尹后庆，通过深入分析教育大数据的发展所遇到的诸如数据结构性短缺、群体大数据和个体小数据之间的矛盾、数据便捷性追求和安全性的担忧、大数据评估与人的发展主动性之间的矛盾、大数据的科学性与教育艺术性之间的矛盾等，提出"教育大数据，热点问题冷思考"的建议。这次论坛上，教育部基础教育质量监测中心副主任李凌艳在基于对全国教育大数据发展现状的调研后，得出了中国"教育大数据时代远未到来"的结论。

　　由此可知，建立在教育大数据基础之上的智慧学校建设这个热点问题更需冷静思考，我们认为建设步伐不宜过快，建设进度不宜"一刀切"，可以根据各地经济和教育发展情况，延长建设周期，多点试验探究，稳步有序推进。

开发初中英语课程资源，推动乡村教育提质增效
——岳西县古坊中心学校开展省级课题研究纪实

　　岳西县古坊中心学校是一所偏远的农村学校，其所在地区与湖北省黄冈市英山县陶家河乡毗邻。2013年，古坊中心学校首次成功申报省级课题《农村中小学英语校本课程资源的开发与研究》。该课题立足山区初中英语教学实际，针对学生英语基础薄弱的现状，以词汇、阅读和写作为切入点，开发校本英语课程资源，编写校本教材，旨在积极营造浓郁的英语学习氛围，着力提升农村初中学生的英语素养。两年多的课题研究，带来了可喜的变化，不仅提高了学生的英语成绩，还促进了教师专业成长，推动了乡村教育提质增效，赢得了社会各界的广泛赞同。

　　学校课题组按照实施计划，有序开展各项研究工作，不断加强理论学习，提升专业素养；积极营造浓郁氛围，彰显英语特色；尝试实施小班教学，构建"生"动课堂；及时总结反思，发挥集体智慧。课题研究取得了较为丰硕的成果。

　　一是开发了三种初中英语校本读物。编写《安徽中考考纲英语词汇手册》是为了让农村地区的初三毕业生能有效学习中考英语词汇，熟练掌握英语经典句型，提高中考英语复习的针对性和实效性。编写《初中英语经典阅读》是为了提高农村地区初中生的英语阅读能力，培养他们良好的英语阅读习惯。《初中英语经典阅读》浅显易

懂、趣味性强，是一种备受学生欢迎的英语课外阅读手册。河图中心学校英语组加盟后，负责编写了《提高书面表达能力专项模块训练》，根据初中英语写作特点，分模块开展训练，三个模块分别是"提高书面表达能力传统训练题型汇编""书面表达常见句型汇编""书面表达经典范文汇编"等。

古坊中心学校英语教师在近几年的毕业班英语教学中，都是紧密结合这三种校本读物来指导学生复习词汇、训练阅读和写作的。每次中考结束后，两校课题组成员集中到一起，结合当年的中考试题，对三种校本读物进行适度删减、修改。三种校本读物紧扣英语课堂教学实践编写，是集体智慧的结晶，也必将服务于众多的教育对象。三种校本读物已经走出两校的大门，被县内乃至安庆市内许多兄弟学校的英语教育同仁参考和使用。

二是促进了英语教师的专业成长。课题研究的过程首先是学习的过程，在此过程中，教师对教育教学本质的认识、自身的教育理论水平和综合素质都得到了有效的提高。另外，课题研究的过程也是探索在具体情境下创造性地运用教学规律的过程，最终形成有效的教学策略。

课题组成员在开展"农村地区学生英语学习状况"调查过程中，走访了很多山区学校，深入了解了当地学生的英语学习状况以及农村英语教师面临的一些困惑，并结合自身英语教学实践撰写了20多篇论文、心得和案例，其中多篇论文荣获市、县教育教学论文评选一、二、三等奖。如朱乐娟老师在2013年安庆市初中英语优质课大赛中获奖，并在当年的安庆市中考研讨会上做了《中考英语词汇有效复习策略》专题发言；刘文革老师长期担任学校六年级英语教学工作，认真钻研人教版英语教材，科学改编教材，并应用于课堂，大大夯实了该校学生的英语基础。

三是提升了初中英语教学质量。在课题组精心设计的各项活动推动下，学校英语学习氛围日益浓厚，学生学习兴趣显著提高，学习习惯明显好转，英语教学质量稳步提升。教导处通过数据分析发现，无论是纵向的逐年校内比较，还是与兄弟学校的横向比较，近几年学校的期末质量检测英语学科的成绩总体呈现稳步提升的态势，平均分、及格率和优秀率均逐年攀升。

　　四是推动了乡村教育提质增效。课题研究的一个更为可喜的变化是，古坊中心学校开发了英语课程资源，推动了乡村教育提质增效，"小课题"带来了"大变化"。课题研究激发了教师的内驱力，提高了教师的精气神，让教师拓宽了教育视野，更新了教育理念，增强了创新意识，夯实了扎根古坊科研兴校的自信力。课题研究还促进了学校小班化教学特色创建工作的有效开展，科研兴校战略有序推进，办学品位逐步提升，各界关心和支持教育的氛围日渐浓郁。古坊教育呈现出"潮平两岸阔，风正一帆悬"的良好发展态势。

　　（本文依据岳西县古坊中心学校原校长王仲利的省级课题结题报告改写而成）

是一江活水，就该找到入海口

——建言打造安庆教育名城之名师培养

兴国必先强教，强教必先强师。打造教育名城，安庆如何强师？兴教强师，可以效仿江浙沪的成功做法，建立名师梯队培养机制，为优秀教师这一江活水，畅通渠道，注入动力，开通入海口。江浙沪非常重视名师培养，有其典型的特点，具体总结如下。

一是研训一体。许多名师集教研员、培训员于一身，始终没有脱离教学一线。实践出真知，教研生智慧。这种机制能有效防止教研人员的职业倦怠、知识老化，能助推名师不断加压奋进、勇攀高峰，逐渐成为教育行业的领军人物。

二是名师引领。江浙沪三地的名师培养均实施了"青蓝工程"，建立可以考核的师徒结对机制，这充分发挥了名师的示范引领作用，缩短了优秀教师向名师迈进的成长期，构建了一个以名师为核心的学习共同体。在这个学习共同体里，教学和教研不再是单兵作战，而是协同奋进。

三是梯度培养。江浙沪许多市、县均建立了多个层级的名师梯度培养机制，鼓励教师潜心教书育人，打造高效课堂，提升业务素质，螺旋上升、有序生长。这种有规划、有目标、有措施、有考核、有培训、有平台、有经费的梯度培养机制，不仅给优秀教师的成长搭建了平台、指明了方向，而且为优秀教师的梯度培养注入了动力，提供了保障。

四是有序流动。江浙沪对名师有序流动开放了绿色通道，一些中学校长是从外地引进的学术专家型校长。各地都为引进名师名校长提供经费奖励、住房保障，以及帮助解决子女入学、配偶就业等困难。这种名师引进机制，虹吸了一批外省份的优秀教学名师，并鼓励和敦促这些优秀教师扎下根来，静心教学、安心育人。

诚然，这种名师有序流动机制，吸引了一批安庆名师走出安庆、飞向东南，助力三地教育蓬勃发展，但对打造安庆教育名城而言，却流失了部分优质教育资源。

面对"孔雀东南飞"的现状，有人感叹：培养一个，走一个，培养不如不培养！有人建言，与名师签订协议，明确服务年限！显然，不培养名师的消极想法不可取，设置障碍堵截名师外流也不是好的办法；建立名师梯度培养的良好机制，营造静心教育的良好氛围，实行情感和待遇留人，才是英明之举。具体建议有以下四点：

一是立足长远，完善名师梯度培养机制。省、市均已出台实施名师梯度培养工程的具体方案，但由于经费紧张，许多地方尚未把名师培养作为一项重要工作来抓。建议市委和市政府划拨专项经费，市教育体育局与人事部门联动，对标特级、正高职称评定细则，制定翔实、易操作的名师培养实施方案。方案中务必要明晰名师梯度培养的层级和任期，打破职称评定对名师成长的限制，明晰考核细则，实现淘汰机制，兑现经费承诺。

二是搭建平台，构建带头人学习共同体。名师成长，平台建设非常重要。许多教师有成为科研型名师的愿望和期盼，但缺乏茁壮成长的理想平台。建议依据名师梯度培养的层级，各级教育主管部门可分别搭建不同层级的平台。如校级平台，助力优秀青年教师向市、县骨干教师目标迈进；县级平台助推市、县骨干教师向市县学

科带头人、名师工作室主持人发力；市级平台敦促市县学科带头人、名师工作室主持人朝省级名师、特级教师和正高级教师目标看齐。

三是整合资源，"研、训、教"深度融合。名师成长一般由多部门管理，导致名师培养主体责任不是很明晰。以培养学科带头人为例，申报和评审是人事部门主导，培训是市师训中心组织，日常教育科研活动又是由教研室牵头。前些年，不少学科带头人仅仅是一种荣誉，未真正履行学科带头人的职责，这与多部门管理，难以形成合力的管理机制有关。近几年有所改变，整合了部分资源，但力度还是不够。建议安庆效仿江浙沪，建立"研、训、教"一体化的教研机制，教研员从学科带头人中遴选，可以在城区学校或定点学校兼课；整合教研和师训资源，教研员担任师训中心继续教育的主讲教师。教而不研则浅，研而不教则空。安庆市教研员队伍因实行终身制导致年龄老化、职业倦怠，很难起到引领学科教研的指导作用。这种现状要通过"研、训、教"深度融合，明确目标、整合资源、激发潜能、注入动力才能切实改变。

四是撤除篱笆，促进名师有序合理流动。名师队伍发展不能像内流河，有活水来源，但水量不够充沛，前进动力不足，在找到入海口之前就枯竭了。俗话说："人挪活，树挪死。"关键要有出路，有奋斗的方向，要有序流动。如市区学校可以通过绿色通道，从各县引进名师；市教育体育局可破除市、县级教研员终身制，从一线名师中遴选市、县级教研员，并兼职教学一线代课。

躬耕安庆教育，强师强市有我。我们坚信，一旦安庆名师这一江活水畅通了入海口，复兴安庆教育的伟大梦想最终必将实现。

第二辑
教学思考

　　立德树人的主要阵地在课堂，渗透核心素养的主要载体是学科教学。大概念教学，核心素养培养，均是学科教学的重点和大单元教学的基石，许多教学名师一直默默在做。

高中生物学概念教学难点与突破策略

近十年来，广大教授生物学的同仁围绕生物学概念教学要素、有效方法、概念图教学模式等的研究，取得了较为丰硕的成果，然而针对高中生物学核心概念教学进行研究的案例资源较为匮乏。在分析高中生物学概念体系特点和教学难点的基础之上，我尝试运用五种策略，以教学实例方式突破高中生物学概念教学的难点，旨在切实提高课堂效率，提高高中生物学教学质量。

一、高中生物学概念体系及其特点

生物学概念是通过抽象、概括而形成的对生物学现象、本质特征或共同属性的反映，包括一些基本原理、规律和理论，是一种更高级的思维形态，是生物学科知识体系的基础。高中生物学大小概念数以千计，围绕"细胞、组织、器官、系统、生物个体、种群、群落、生态系统、生物圈"等生命系统的九个层次依次展开，其体系编排特点如下：

一是核心概念统领章节。人教版高中生物学必修1核心概念为"分子"与"细胞"，遵循系统论的原则，围绕细胞的化学成分、细胞的基本结构、细胞的功能（物质运输、信息传递、能量转换）、细胞的生命历程等方面来阐述。人教版高中生物学必修2以"遗传"

与"进化"为核心概念，围绕遗传因子的发现、基因和染色体的关系、基因的本质、基因的表达、基因突变及其他变异、生物的进化等方面来阐明遗传、变异与进化的规律。人教版高中生物学必修3以"稳态"与"调节"为核心概念，主要围绕人体的内环境与稳态、动物和人体生命活动的调节、植物的激素调节、种群与群落、生态系统及其稳定性、生态环境的保护等方面来阐述。

二是用黑体字凸显概念。教材中的重要概念均用黑体字凸显。如酶的概念"酶是活细胞产生的具有催化作用的有机物，其中绝大多数酶是蛋白质"，用黑体字以引起学生视觉注意。

三是绘制概念图。大多数章节在复习与提高栏目设置有"画概念图"练习，其目的是通过画概念图让学生了解生物学概念的上位概念与下位概念的关系，了解同级概念之间的区别与联系，把握生物学概念的内涵和外延。

四是多种方式拓展延伸。如人教版高中生物学必修3通过生物科学史话栏目介绍"稳态概念的提出与发展"，让学生了解从分子水平到生物圈层次，均存在稳态现象，也都存在相应的调节机制。

二、高中生物学概念教学的难点

高中生物学概念教学难点主要体现在以下三个方面。

一是对部分概念缺乏外延拓展。许多生物学概念是在总结真核生物生命活动基本规律的基础上提出来的，是一种采用不完全归纳法来描述和定义的。但是，生物学的蓬勃发展大大拓展了这些概念的外延，如光合细菌及蓝藻的发现，拓展了"光合作用"的外延；病毒的发现对"细胞学说"提出了挑战；在病毒领域发现了逆转录，RNA复制，特别是类病毒、朊病毒的发现，完善和发展了"中心法则"的概念等。许多学生对概念的外延拓展缺乏较为清晰的认识。

二是部分概念表述容易引起学生误解。如同源染色体的概念，从文字表述来看是来源不同；等位基因的概念，只强调了两者之间"小异"，未强调两者之间"大同"；基因选择性表达只强调了细胞之间基因表达的差异性，而未说明细胞存在统一性的一面；拉马克的用进废退学说、达尔文的自然选择学说与现代生物进化理论之间的传承与创新关系等。

三是部分教师对概念教学缺乏整合思维。部分教师轻视概念教学，对高中生物学概念钻研不深，难以占领生物学概念教学的制高点，其教学方法不当，局限于高中教材生物学概念的表述，对教材中"科学史话""本章小结""自我检测"中画概念图的教学和学习资源未加以整合，难以帮助学生正确建构完整的生物学概念体系。

三、高中生物学概念教学难点突破的策略

生物学案例教学能够帮助学生深刻理解高中生物学核心概念，我提炼了五种策略，以五个案例来探索突破高中生物学概念教学难点的思路和方法，以拓宽学生思维，提高教学效果。

（一）查缺补漏——光合作用概念教学

查缺补漏，如给学生补充初中生物学知识，让学生了解生物的几大类群及其代表生物，虽然多花费了一点时间，但能帮助学生构建比较完整的生物学知识体系，正所谓"磨刀不误砍柴工"。

在学习人教版高中生物学必修1第5章第4节《能量之源——光与光合作用》一节内容之后，可以向学生抛出这样一个问题：叶绿体是光合作用的必要条件吗？并引导学生回归课本寻找答案。许多学生在查找之后，毫不犹豫地回答："是。"的确，人教版高中生物学教材中光合作用的概念是这样表述的："光合作用是指绿色植物通

过叶绿体，利用光能，将二氧化碳和水转化成储存着能量的有机物，并且释放出氧气的过程。"教师不必立马否定学生的答案，可以请大家回顾一下蓝细菌的知识。许多学生了解到蓝细菌属于原核生物，无叶绿体，含有叶绿素和藻蓝素，也能进行光合作用之后，会自我否定先前的错误答案。

在引发学生认知冲突之后，教师再给学生讲其中的缘由。原来初中、高中生物学是以高等绿色植物为背景材料来阐述光合作用概念的，其生物知识框架是不完整的，因此在理解有关高中生物学概念时，就存在片面的、误解的现象。

"那为什么要出现叶绿体这样的细胞器呢？"教师可以让学生进一步了解叶绿体的结构特点，运用结构与功能相适应的原理来回答。同理，当教师抛出"线粒体是有氧呼吸的必要条件吗？"学生就可以自己查找相关知识并做出正确的判断。

（二）主线串联——有丝分裂概念教学

给学生一个核心概念，以这个核心概念作为思维主线，把一系列生物学概念串联起来，可以称之为主线串联法。比如，有丝分裂是学生难以理解的概念之一，尽管很多教师运用多媒体把有丝分裂间期、前期、中期、后期、末期染色体和DNA的主要特征展示给了学生，学生通过死记硬背记住了有关概念，但颇为疑惑。教师可以提醒学生围绕课本中"确保染色体精确地平均分配"这句话来思考下列问题：（1）为什么间期染色体要复制、前期染色体要缩短变粗？（2）为什么前期核仁要消失，核膜要解体？（3）为什么要出现纺锤丝或星射线，进而形成纺锤体？（4）为什么纺锤丝要牵引染色体以着丝点在赤道板上有规律排列？（5）为什么是着丝点先分裂，纺锤丝后牵引染色体到达细胞两极？（6）为什么末期会出现细胞板或凹陷隘裂？重新出现核仁和核膜？

学生有了"确保染色体精确地平均分配"这根思维主线，就能把有丝分裂各个时期染色体和DNA的一系列行为特征串联起来，解决了疑惑，从而加深了对有丝分裂这一过程概念的理解。

（三）列表比较——线粒体与叶绿体概念教学

列表比较可以将两个相近或相反概念进行解构，从概念的各个层面来分析、比较、理解概念，从而帮助学生建构清晰明了的概念体系。如在学习线粒体与叶绿体这两类细胞器时，教师可以引导学生从"存在范围""形状""结构""特有化学成分"和"功能"等维度来列表比较，进行概念学习。通过列表比较法，既强调两者之间的差异，也强调两者之间的相同点，如都是双膜结构、能量转换器、含有少量DNA和少量RNA、能自我复制，都属于半自主性细胞器，还可以结合整个生态系统，强调这两类细胞器之间的密切合作关系。先通过叶绿体的光合作用，将太阳能转化为有机物中的化学能，通过食物链，各级生物从有机物中获得能量，再通过各级生物线粒体的有氧呼吸，释放大量能量，满足生命体各种生命活动的需要。

高中生物学中的许多概念，如光合作用与呼吸作用，光反应与暗反应，有丝分裂与减数分裂，体液免疫与细胞免疫，神经调节与体液调节等，均可以采用列表比较法进行教与学。

（四）正本清源——同源染色体概念教学

正本清源，即教师在进行高中生物学概念教学时，追本溯源，让学生深刻理解概念的内涵。同源染色体的概念是高中学生最难理解的概念之一，学好这个概念，相当于找到了理解减数分裂和遗传三大定律的一把金钥匙。

人教版生物学教材中同源染色体的概念："配对的两条染色体，形状和大小一般都相同，一条来自父方，一条来自母方，叫做同源染色体。"一些勤于思考的学生会提出疑问："一条来自父方，一条来自母方，来源不同啊，怎么叫同源染色体呢？"教师可依据生物生殖方式进化的知识来答疑解惑，同时说明最原始的单细胞生物染色体是成单存在的，在进化过程出现了染色体复制之后不分裂或两个单细胞生物发生融合，会产生染色体成对存在的单细胞生物个体。它们在适应环境方面有明显优势，通过自然选择，这种变异得到了积累和发展，即出现了二倍体生物。二倍体生物在有性生殖过程中，通过减数分裂和受精作用让这对染色体分分合合，所以"同源"是指染色体的进化起源相同，近期来源反而不同。

高中生物学中的许多概念，如基因的选择性表达，等位基因的概念等，均可以采取正本清源法，引领学生运用联系的观点、进化的观点、统一性原理来拓展思维深度和深刻理解生物学概念的本质。

（五）画概念图——基因概念教学

在高中生物学概念教学中，教师巧设问题情境，引导学生阅读、思考、讨论、交流、合作、画概念图，使学生思维可视化，能够有效地帮助学生建构较为完整的高中生物学概念体系。

基因概念也是高中生物学中的核心概念之一。在必修教材中没有绘制基因结构的概念图，也没有提及非编码区、编码区、启动子、内含子、外显子、终止子等概念，但在做题时又经常需要学生把握基因概念的这些下位概念。在教授新课或进行第一轮复习时，教师可以指导学生一起来画基因结构及功能的概念图，具体做法如下：

（1）先引导学生理解并陈述"基因是具有遗传效应的DNA片段"，结合课本资料分析，在双链DNA的模式图上间隔标注若干个真核基因（断裂基因），在另一个双链DNA的模式图上紧密标注若干个原核基因（某两个基因之间重叠排列）。

（2）引导学生一起绘制真核基因结构的模式图，标注非编码区和编码区，在非编码区上游结构中要凸显启动子，在非编码区下游结构中要凸显终止子，在编码区结构中要标注 n 个外显子和(n-1)个内含子。教师要向学生说明，原核基因编码区无外显子和内含子之分，可以将整个编码区视为一个外显子。

（3）师生一起绘制真核基因转录模式图，即真核基因编码区经转录产生 RNA 前体，经剪切去掉内含子转录区段，将外显子转录区段拼接成 mRNA。

（4）师生一起绘制 mRNA 翻译合成初级蛋白质产物的过程图解。

这个概念图绘制完成后，学生对基因与DNA的关系、基因突变的实质、cDNA 文库、逆转录、真核生物基因怎样拼接到原核生物基因组中的一系列问题就会迎刃而解了。

教师还可以列举控制 rRNA 和 tRNA 合成的基因，进一步引导学生理解"遗传效应"真实内涵。整个基因结构都具有遗传效应，像非编码区中的启动子和终止子，编码区中的内含子和外显子，是"具有遗传效应的 DNA 片段"的重要组分，且不可将"具有遗传效应的 DNA 片段"错误理解为"能指导蛋白质合成的 DNA 片段"。

（本文原载于 2016 年 2 月《安庆师范学院学报》（自然科学版），略有改动）

第二辑 教学思考

基于生命观念培养的高中生物学概念
教学案例研究

生命观念是生物核心素养的基础和支柱。运用生命观念的四大思想整合概念，形成概念网络，从而探寻核心素养落地生根的路径。

一、生命观念的定义与分类

生命观念是指对观察到的生命现象及相互关系或特性进行分析后所进行的抽象，是人们经过实证后的想法或观点，是能够理解或解释生物学相关事件和现象的意识、观念和思想方法。生物学中有四个重要生命观点：即结构与功能观——结构和功能相适应，是长期进化所形成的，是生物适应环境的体现；物质与能量观——物质合成与分解总是伴随着能量的吸收与释放，生态系统的物质循环与能量流动密不可分；进化与适应观——适者生存，不适者被淘汰，生物不断进化，适应环境，生物适应环境具有普遍性和多样性；稳态与平衡观——生命系统是一个稳态和平衡的系统，稳态和平衡是通过调节实现的。

二、生命观念与生物学概念的关系

一是生命观念的跨概念性和上位性。生命观念不等同于生物学概念，其具有跨概念性和上位性，是众多概念的归纳、总结和提炼。

迈尔认为，生物学的进展大多是概念（或原则）发展的结果，由此说明概念教学在高中生物学教学中具有举足轻重的地位。

二是涵盖理解生命的生物学基本概念分析。具备哪些知识才能理解生命？我们可以从回答"是什么""怎么样"和"为什么"这三个基本问题去阐述。回答"是什么"可以统领生物多样性及分类，生命的基本特征以及生命系统结构层次（分子、细胞、种群、群落、生态系统）等方面的基本概念。回答"怎么样"可以统领基因控制蛋白质合成（中心法则），细胞代谢（光合作用、呼吸作用），细胞生命历程（分裂、分化、癌变和衰老），生命活动调节以及种群、群落和生态系统的发展变化等方面的概念。回答"为什么"可以统领基因与环境的相互作用（根本原因），长期自然选择和生物进化的结果（终极原因）等方面的概念。

三、在概念教学中渗透生命观念的教学案例

有专家认为，要通过课程设计、教学实践、教育评价等三个方面落实核心素养。高中生物学一线教师最佳着力点在"教学实践"环节，即加强案例教学研究，梳理支撑四大重要生命观念的概念，进行科学的生物学阐释，并通过归纳、总结、提炼生物学概念，引导学生形成生命观念这一基本的生物学核心素养。

（一）叶绿体与线粒体教学案例——渗透结构与功能观、物质与能量观、进化与适应观

在学习线粒体与叶绿体这两类细胞器时，教师可以运用列表比较法引导学生从"存在范围""形状""结构""特有化学成分""功能"等维度比较，进行概念学习。在列表比较过程中，侧重引导分析两者为什么都要增大膜面积？原因是叶绿体要增大光合作用色素

和与光合磷酸化有关物质（如酶）的附着面积，提高光合作用效率；线粒体要增大氧化磷酸化有关物质（如酶）的附着面积，从而增大呼吸作用效率。这样阐释学生就很容易形成"细胞器结构与功能相适应"的生命观点，也基本了解了"叶绿体是光合作用的场所""线粒体是有氧呼吸的主要场所"，回答了"是什么"的问题。

在分析叶绿体和线粒体都是能量转换器基础上，结合光合作用过程图解和有氧呼吸过程图解，引导学生理解光合作用是合成有机物，把光能转变为有机物中的化学能；有氧呼吸作用则是分解有机物，逐级释放能量，大约40%能量转移到ATP中，为各项生命活动供能，大约60%能量以热能形式散失。进一步分析生态系统中物质碳循环和能量流动与光合作用和呼吸作用的密切关系，即能量的进入、流动、利用和释放，与物质的合成、转化及分解过程相辅相成。引导学生以分析叶绿体和线粒体两个概念为起点，延伸出光合作用和有氧呼吸概念，再拓展到生态系统物质循环和能量流动的概念，在归纳、整合这些概念过程中，物质和能量观悄然入脑入心，同时综合细胞代谢、生态系统相关概念，知晓了叶绿体和线粒体怎样履行"能量转换器"的功能，回答了"怎么样"的问题。

还可以进一步将这两类细胞器类比为"特区"：都含有少量DNA和少量RNA、能自我复制、属于半自主性细胞器。同时，结合某些原核生物无叶绿体却能进行光合作用，无线粒体却能进行有氧呼吸；从进化起源分析，说明光合作用的进化起源早于叶绿体，有氧呼吸的进化起源早于线粒体。教师因势利导，向学生介绍细胞内共生的假说，激发学生探究生命起源的奥秘，认同进化与适应的生命观点，回答了"为什么"的问题。

（二）同源染色体教学案例——渗透进化与适应观、结构与功能观、稳态与平衡观

教师渗透进化与适应观，引导学生理解同源染色体这一核心概念，找到了一把开启"遗传与进化"诸多重点和难点的金钥匙。人教版教材中同源染色体的概念是这样表述的："配对的两条染色体，形状和大小一般都相同，一条来自父方，一条来自母方，叫做同源染色体。"一些勤于思考的学生会提出疑问："一条来自父方，一条来自母方，来源不同啊，怎么叫同源染色体呢？"

教师要运用生物生殖方式进化的知识来答疑解惑，向学生说明最原始的单细胞生物的染色体是成单存在的。在进化过程中，单细胞生物出现了染色体复制之后不分裂或两个单细胞生物发生融合现象等，这样会产生染色体成对存在的单细胞生物个体。这种发生染色体加倍的生物个体，在适应环境方面具有明显优势，通过自然选择，这种变异得到了积累和发展，继而出现了二倍体生物。所以这个"同源"是指染色体的进化起源相同，近期来源反而不同。这就回答了"为什么"的问题。

教师引导学生解构染色体成分是DNA和蛋白质，再结合DNA是遗传信息的载体，染色体是基因的载体，引导学生分析有丝分裂过程中染色体的行为特征。如丝状的染色质为什么要复制？为什么要缩短变粗成为棒状的染色体？为什么要出现纺锤丝和纺锤体？为什么要先牵引、有序排列，着丝点再分裂？核仁和核膜在前期为什么要消失，末期为什么会重新出现？再结合有丝分裂过程中基因的行为特征，间期进行选择性表达，分裂期高度封闭等，其目的都是"确保遗传物质精确地平均分配"。学生会运用结构与功能观，自然理解了染色体"是什么"的深层问题。

教师结合染色体数目变异和结构变异所导致的各种疾病及其危害，分析引起如此严重后果的原因是打破了染色体和基因层面的稳态与平衡。这种稳态与平衡包括基因数量增减、基因选择性表达的程序发生改变等，如结构变异中的缺失、重复引起生物体性状的改变即基因的数目减少或增加导致基因数量平衡被打破。结构变异中的颠倒和易位、基因数目没有减少，为什么会引起相应疾病，就可以运用变异导致基因选择性表达的程序发生紊乱来解释。学生运用稳态与平衡观知晓了染色体变异会导致"怎么样"的严重后果。

总之，在高中生物学概念教学中渗透结构与功能观、物质与能量观、进化与适应观、稳态与平衡观等四大生命观念，让高中生理解生命意义和人生价值，自觉地珍爱生命，这是生命教育的起点，是培养高中生生物学核心素养的基石。

（本文写于2017年6月，荣获安徽省中小学教育教学论文评选二等奖）

基于发展科学思维的高中生物学概念
教学案例研究

科学思维是生物学学科四大核心素养之一，对促进学生生命观念的形成，培养其科学探究精神，增强其社会责任感，意义重大。

一、科学思维的含义和具体内容

科学思维是指尊重事实和证据，崇尚严谨和务实的求知态度，运用科学的思维方法认识事物、解决实际问题的思维习惯和能力。《普通高中生物学课程标准（2017年版2020年修订）》对发展科学思维，提出了如下的具体内容：能够基于生物学事实和证据运用归纳与概括、演绎与推理、模型与建模、批判性思维、创造性思维等方法，探讨、阐释生命现象及规律，审视或论证生物学社会议题。

二、在高中生物学教学中,要规避缺乏的科学思维现象

一是缺乏生活常识，得出错误结论。如许多学生在分析米酒酿制过程中为什么"先来水，后来酒"时，往往得出这样的答案："微生物（或曲霉）先进行有氧呼吸产生水，再通过无氧呼吸产生酒精和二氧化碳"。米酒酿制过程中，先要将米浸泡，这一过程中1千克米大约要吸收1.5千克水。在酿制过程中，通过微生物（曲霉）的作用促进淀粉水解，被吸胀的水释放出来，这才是"先来水"的主

要原因。微生物通过有氧呼吸产生的水，占"先来水"的比例很低。

二是缺乏联系观点，孤立分析问题。如许多学生在分析水稻、番茄吸收硅酸根离子和钙离子的柱状图时，对培养液中离子浓度显著下降现象用植物吸收很好解释，但对离子浓度增大的现象很是困惑，甚至得出"水稻在生长过程中不断排出钙离子"的错误结论。许多学生孤立地分析问题，没有考虑到水稻在生长过程中，根系既要吸水，又要吸收矿质离子。

三是缺乏思维深度，分析浅尝辄止。如上述水稻吸水与吸收矿质离子问题，有的同学单纯从吸水多于吸盐，来分析离子浓度上升。事实上，水稻在生长过程中，对任何矿质离子而言，肯定都是吸水多于吸盐，为什么有的浓度显著下降了，有的浓度却上升了，一定要基于培养液的起始矿质离子浓度来考虑吸水与吸盐的相对比例。

三、教学案例研究

着力于教学实践研究，即加强概念教学案例研究，进行科学的生物学阐释，并通过归纳、总结、提炼生物学概念，引导学生发展科学思维。

案例1：光合作用历程的探究。先引导学生阅读教材，十九世纪末科学界普遍认为，在光合作用中，二氧化碳分子中的氧和碳被分开，氧气被释放，碳与水结合成甲醛，甲醛再缩合成糖类等有机物。但是，科学家也发现甲醛对植物有毒害作用，甲醛无法在植物体内转化为糖类，因此这个普遍观点被否定。其次知悉希尔反应，即离体叶绿体在没有提供二氧化碳情况下，产生了氧气。最后，鲁宾和卡门运用同位素示踪法，发现光合作用所产生的氧气，其氧元素全部来自水。

运用光合作用原理中光反应的发现历程，引导学生基于事实和证据，进行归纳、概括，从而理解光合作用光反应的物质转变过程，思维能力也得以提升。

案例2：遗传推断题案例教学。在分析遗传系谱图时，父母表现型均正常，却生了一个患病的女儿（致病基因用b表示，正常基因用B表示）。怎样判断该病属于常染色体隐性遗传病呢？在学生已经能够推断这种病属于隐性遗传病的基础上，此病只有两种情况，一是常染色体隐性遗传病，二是X染色体隐性遗传病。假设该病是X染色体隐性遗传病，女孩的基因组成为X^bX^b，依据减数分裂和受精作用的事实，必然有一个X^b来自其父亲，则其父亲基因组成必然是X^bY，表现型为患病，与题干中表现型正常相矛盾。由此可知，假设不正确，反之假设的对立面正确，即该病属于常染色体隐性遗传病。

运用假说演绎法分析遗传推断题，是培养学生演绎与推理能力的最佳切入点。在此推断过程中，还灵活运用了演绎推理，得出结果与预期不一致，再根据非此即彼的辩证思维，判断不是假设的情况，必然是没有假设的那种情况。

案例3：有丝分裂各个时期的主要特征的案例教学。教师引导学生解构染色体成分是DNA和蛋白质，再结合DNA是遗传信息的载体，染色体是基因的载体，引导学生分析有丝分裂过程中染色体的行为特征。如丝状的染色质为什么要复制？为什么要缩短变粗成为棒状染色体？为什么要出现纺锤丝和纺锤体？纺锤丝为什么要先牵引染色体在赤道板上有序排列，着丝点再分裂？核仁和核膜在前期为什么要消失，末期为什么会重新出现？

结合上述思考题，教师引导学生一起建构分裂间期以及分裂前、中、后、末四个时期的染色体物理模型，加深对有丝分裂意义的理解。在学生学懂弄通的基础上，进一步阐明有丝分裂过程中基因在间期进行选择性表达，在分裂期高度封闭等，其目的也是"确保遗

传物质精确的平均分配"。

案例4：酶的概念形成。酶的概念是不断发展的，其概念形成过程充分展示了批判性思维对科学发展的推动作用。高中生物学教材从赫赫有名的微生物学家巴斯德与名气不大的李比希的争论入手，到底哪一个观点正确？此种争议直接推动了毕希纳的研究，他发现巴斯德和李比希的观点都有正确的成分，也有不太合理的内容。毕希纳的研究，让人们对酶的概念有了进一步的认识，即在细胞内产生，在细胞内外都能发挥催化作用。特别是多种酶的本质被实验证实为蛋白质之后，切赫和奥特曼却发现少数酶的本质是RNA，由此酶的概念在具有批判性思维的科学家们不断争论和研究中得以发展，最终被定义为"活细胞产生的一类具有催化作用的有机物，绝大多数酶的本质是蛋白质"。

敢于质疑权威理论，基于科学史实，找到确凿证据，发展批判性思维，这是许多科学理论不断发展的基本路径。光合作用概念的形成与发展、中心法则的提出与发展、遗传物质的发现过程等，都是发展学生批判性思维的最佳切入点。

案例5：同源染色体概念及染色体结构变异的教学。人教版生物学教材中同源染色体的概念是这样表述的："配对的两条染色体，形状和大小一般都相同，一条来自父方，一条来自母方，叫做同源染色体。"有学生会提出疑问："一条来自父方，一条来自母方，来源不同啊，为什么叫同源染色体？"教师可运用生物生殖方式进化的知识来答疑解惑，最原始的单细胞生物染色体是成单存在的，细胞增殖时染色体复制之后不分裂或两个单细胞融合，会产生染色体加倍的单细胞生物，在适应环境方面有明显优势。所以，这个"同源"是指染色体的进化起源相同，近期来源反而不同。

染色体结构变异中的缺失、重复、颠倒与易位，又是怎样产生的？教师可结合减数分裂I过程中的交叉互换，正常的等价互换产生基因重组，不等价互换即产生某条染色单体片段缺失，那段没有正常交换过来的染色体片段，如果顺接到姐妹染色单体的末端，即产生重复；如果反接到姐妹染色单体的末端或中间，即产生颠倒；如果对接到非同源染色体的染色单体上，即产生易位。

剖析同源染色体的进化起源，合理解释染色体结构变异中颠倒和易位的现象，引导学生深刻理解基因数量增减、基因选择性表达的程序改变都属于基因的稳态与平衡，从而培养学生的创新思维。

（本文写于2022年5月，荣获安庆市中小学论文评选一等奖）

加强高中生物学概念教学，培养学生科学探究素养

科学探究是理性思维的实证过程，培养这一核心素养，对促进高中生生命观念的形成，增强其社会责任感，意义重大。

一、科学探究的内涵和特点

科学探究是一种学习科学知识，发展理性思维，培养探究能力，形成科学态度和精神的过程。科学探究一般包括：提出问题、作出假设、制订计划、实施计划、得出结论、表达与交流。科学探究的素养水平由一系列的能力所组成，如观察能力、提出问题的能力、制订并实施方案的能力、获取证据和数据的能力、表达与交流的能力等，都属于生物学高考考查的实验与探究能力的范畴。科学探究是一种跨学科素养，高中物理、化学、生物学和地理学科中均强调科学探究，该素养具有核心素养的基本特性：综合性、发展性和终身性。

鉴于高中生物学实验教学受课时和实验条件的制约，高考实验考查只能是纸笔测试的局限性，在高中阶段培养学生的科学探究素养还有一个重要特点，即引导学生进行思想实验。思想实验是奥地利著名科学家、哲学家恩斯特·马赫提出的概念。他认为，除有形实验外，还有在较高理智水平上使用的其他实验，即思想实验。其实，思想实验在任何情况下都是有形实验的先决条件，因为每一个实验者和发明者在把有形实验转化为事实之前，都必须在他的头脑中进行有计划的安排。实际上，思想和实验的密切结合建立了近代自然科学。实验产生思想，思想进而转向于实验，再次比较并被修正。这样便产生了新概念，如此反复。其实高中生物学教材中的许多伟大的科学家如孟德尔、达尔文、摩尔根、鲁宾和卡门等人，都是进行思想实验的成功者。

二、在概念教学中进行科学探究的教学案例

高中生物学教材的编写，充分体现了探究式教学的特点。许多概念的提出，如光合作用、酶等，教材不是直接给出概念，而是先介绍其概念形成的科学史，最后再归纳总结。广大生物学教师可以在教学中实现主动探究学习与凸显重要概念传递的对接。

（一）光合作用科学史的教学案例

我在进行光合作用的探究历程的教学时，将光合作用的科学史分为五个阶段：早期植物生长原因的研究，光合作用的发现，光合作用概念的形成，光合作用的深入研究和光合作用概念的拓展。

第一阶段早期植物生长原因的研究，主要介绍亚里士多德的腐殖质学说和海尔蒙特所做的桶栽柳树实验。亚里士多德认为植物生长物质来自土壤中腐殖质，海尔蒙特通过实验否定了亚里士多德的理论，得出了植物生长物质来自水的结论，这一理论被当时的无土栽培技术所证实。

第二阶段把光合作用的发现归功于三位科学家，即普利斯特利、英格豪斯和内比尔。普利斯特利在研究空气成分实验中发现，植物可以更新因蜡烛燃烧或小白鼠呼吸而变得污浊的空气。当有人重复

他的实验却得出了完全相反的结论，即植物跟动物一样能使空气变污浊。这种争论引发了荷兰科学家英格豪斯的浓厚兴趣。1779年，他做了500多次植物更新空气的实验，结果发现：普利斯特利的实验只有在阳光照射下才能成功，植物只有在有绿叶的情况下才能更新污浊的空气。

通过第一、第二阶段的教学，学生沿着科学家的探索历程，从"土壤→水→空气"来探究植物生长的原因，迸发了浓厚的探究兴趣。

第三阶段是光合作用概念的形成，主要介绍三位科学家的贡献，即梅耶、萨克斯和恩格尔曼。梅耶发现了光合作用过程中的能量转变，萨克斯发现了光合作用的产物有淀粉，恩格尔曼发现了光合作用的场所是叶肉细胞中的叶绿体。

萨克斯实验和恩格尔曼实验，是引导学生模仿科学家的理性思维和巧妙实验方法，是分析实验变量、设计原则和实验步骤的最好素材。

第四阶段是光合作用的深入研究。光合作用释放的氧气到底来自二氧化碳还是水？鲁宾和卡门运用同位素示踪法，发现了氧气中氧元素全部来自反应物中的水。卡尔文也是运用同位素示踪法，利用小球藻做实验材料，最终探明了二氧化碳中的碳在光合作用中转化为有机物中碳的途径。由此可见，科学探究无止境，科学家们锲而不舍的探索精神令人钦佩。

第五阶段是光合作用的拓展研究。这部分内容主要介绍两位科学家的研究成果，一是1929—1931年，荷兰微生物学家范·尼尔发现光合细菌能利用光能，以硫化氢作为供氢体，将光合作用拓展到微生物领域。二是科学家后来又发现某些微生物不能利用光能，但能利用其他能力合成有机物，即化能合成作用，并引导学生对比光合作用与化能合成作用的异同点。

科学探究光合作用的发现历程，能够让学生感悟到：科学工作者是在继承前人科研成果的基础上汲取不同学术见解，运用新的科学技术，锲而不舍、敢于质疑、勇于创新，在实验和不断争论中前进的。这些科学精神正是科学探究素养核心内容之一。

（二）基因分离定律的教学案例

孟德尔发现基因分离定律的遗传实验可作为学生体验科学探究的案例。学生要掌握它不能靠死记硬背，而是要遵循孟德尔对豌豆一对相对性状的研究的探究历程来学习。

首先，引导学生总结分离现象：①子一代豌豆都是高茎而没有矮茎；②子二代出现了矮茎豌豆，即出现了性状分离；③子二代性状分离比接近3∶1。

其次，依据课本中颗粒遗传的理论，解释孟德尔的4点假设：①生物的性状是由遗传因子决定的；②体细胞中遗传因子是成对存在的；③生物体在形成配子时，成对的遗传因子彼此分离，分别进入不同的配子中；④受精时，雌雄配子的结合是随机的。并结合遗传图解，合理地解释分离现象。

再次，运用假设演绎推理，试图对F_1的遗传因子组成进行验证。如果F_1遗传因子组成是Dd，那么子一代就会形成D和d两种不同类型的配子，让F_1与隐性亲本dd（只产生d型配子）进行测交，预期实验结果会出现1∶1的性状分离比。孟德尔进行思想实验及假设演绎之后，再通过豌豆测交实验，其结果如课本提供的数据，高茎豌豆和矮茎豌豆的比例接近1∶1，由此证明孟德尔的假设是正确的。

最后，师生一起总结出孟德尔的基因分离定律。在学习减数分裂和受精作用之后，会更加深刻理解基因分离定律。

让学生体验遗传定律发现的历程，领悟孟德尔科学实验方法——假设演绎法，感悟到科学探究的过程就是对假设演绎法这一理性思维验证的过程。

（三）唾液淀粉酶催化淀粉水解最适宜温度的教学案例

我在探究影响酶活性的条件的实验教学中，引导学生遵循实验设计的思路，通过小组合作的方式，自行设计探究实验方案，具体过程如下。

首先，指导学生小组阅读课本实验文本，基于加酶洗衣粉的适用温度范围和人体消化液起作用的最适温度（人体正常体温37℃）等生活和生理常识，提出问题：唾液淀粉酶最适宜的温度是多少？通过师生一起讨论，作出假设：唾液淀粉酶最适宜温度在37℃左右。

其次，各实验小组讨论：本次实验中的自变量、因变量和无关变量分别是什么？本次实验需要遵循哪些实验设计的原则？小组讨论之后，师生一起归纳总结：本探究实验的自变量是温度，因变量是酶的活性，无关变量是pH、酶浓度、底物浓度等。实验设计一般要遵循科学性原则、单一因子原则、等量原则和对照原则等。

再次，各小组讨论如何设计实验步骤并选派一名代表汇报本小组实验设计的步骤。师生一起讨论，优化实验设计方案，最终提炼出实验设计的优化方案。

①实验材料准备，设置实验12小组，每组取试管2支、烧杯12个，分别进行标记。

②控制无关变量，在1～12号支试管中均加入5毫升新配制的质量分数为3%的淀粉溶液，均滴入2滴碘液；在1～12号试管中均加入1毫升新配制的质量分数为2%的唾液淀粉酶溶液。

③控制自变量，通过冰水浴或水浴加热，分别将各组烧杯温度

控制在0℃、10℃、20℃、30℃、35℃、40℃、50℃、60℃、70℃、80℃、90℃、100℃。将12组实验中的两支试管放在对应的烧杯中保温5分钟。5分钟后，将每个烧杯中的两支试管溶液快速混合，混合后仍然放在各自烧杯中继续保温5分钟。

④检测因变量：观察12支试管中，蓝色消退的速度。特别是控制自变量的实验步骤，看起来很烦琐，难以做到准确表述，但必须严格要求学生在小组展示环节准确表述，并引导学生分析这样设计的目的是确保各组实验反应前后，底物和酶溶液均在控制的温度条件下。

最后，还请学生预测实验结果：5号试管中溶液蓝色消退速度最快。进而引导学生得出结论：唾液淀粉酶最适宜的温度在37℃左右。

本实验教学案例不仅训练了学生科学探究的一般方法，即提出问题、作出假设、设计实验、进行思想实验、预期实验结果和结论、进行表达和交流，而且让学生获得了实验的基本技能，即如何分析三个变量，如何遵循实验设计原则，如何分为四步设置实验步骤等。

总之，加强高中生物学概念教学，并将概念传递与科学探究巧妙对接，是培养学生核心素养的重要途径。

（本文原载于《中学生物教学》2019年第12期，略有改动）

第二辑 教学思考

让学生在思想实验中体验探究

——高中生物学探究性学习模式初探

思想实验是奥地利著名科学家恩斯特·马赫提出的概念。实际上，思想和实验的密切结合建立了近代自然科学。达尔文进化论中许多观点的提出，所基于的就是思想实验。

一、高中生物学教学中进行思想探究的可行性分析

一是符合生物学课程标准基本理念。生物学作为由众多生物学事实和理论组成的知识体系，是在人们不断探究的过程中逐步得以发展的。探究是学生认识生命世界、学习生物学课程的有效方法之一。《普通高中生物学课程标准（2017年版2020年修订）》倡导探究性学习，引导学生主动参与探究过程、勤于动手和动脑，重在培养创新精神和实践能力。课程标准所倡导的探究学习，是一种学习方式的革命，所安排的许多探究活动并不是要学生走进实验室，亲历具体探究或调查过程，而是偏重思想探究。高中生物学教材中许多知识的呈现模式，充分体现了探究学习的思想，尤其是科学史的呈现，需要学生通过思想实验，体验探究，感悟科学家的科学思想和科学精神。高考实验设计题是让学生通过思想实验，运用批判性思维的能力、分析和解决问题的能力来完成实验设计，从而对高中生物学实验教学起到良好的导向作用。

二是切合现行高中生物学教学实际。现行高中生物学教学面临诸多困难，如教学任务重，课时紧张，教师课业负担过重；实验条件落后，教学设备无法满足新课程需要；大班额教学，学生学习负担重、压力大等。想通过具体探究实验、探究活动或调查活动来培养学生探究能力，显然不切合高中生物学教学实际。而在高中生物学教学中进行思想实验，是一种符合高中生物学教学实际，且能解决上述现实难题的途径之一，也与现行高考生物学实验考查形式为纸笔测验模式相吻合。

三是有助于师生探究实验设计能力共同提高。生物学课程标准超越了部分地区生物学教师队伍综合素质与执教水平，同时也过高估计了部分高中学生的综合素质和学习积极性及主动性。从我这几年带领学生做生物学实验的情形来看，能真正认真做实验的学生不多。

学生科学素养的培养和实验探究能力培养是一个循序渐进的过程，生物学教师的实验探究设计能力培养也是如此，我们不妨先进行思想实验探究，积累经验、创造条件、创建行之有效的模式，逐步走向更高级别的探究学习。

二、高中生物学教学中进行思想实验的具体做法

一是确立值得探究的主题，搜集真实可信的素材，精心备课。高中生物学教材本身提供了大量可进行思想实验的探究主题，如生物科学史就是很好的素材。当然，教师在实施探究学习时也可从大学教材、网络和教辅资料中搜集一些真实可信的资料，结合生物学教材进行有机整合，设计吸引学生逐步深入探究的课题。例如：我在进行光合作用一节的教学时，增加了亚里士多德的腐殖质学说、海尔蒙特桶栽柳树实验、恩格尔曼水绵实验等。又如探究光合作用

发现的实验，遵循从普利斯特利实验→英根豪斯实验→梅耶的研究→萨克斯实验→恩格尔曼实验→鲁宾、卡门实验→卡尔文实验的探索历程，一步步从光合作用的条件到光合作用的产物、场所，再分析氧元素的来源与去路、二氧化碳的同化历程。这样逐步深入探究，引导学生跨越时空界限，想象自己和当年科学家一起亲历实验过程，借鉴科学家进行实验探究的思路和方法，进行思想实验，体验探究学习的快乐。

在备课时，教师可设计一系列分层递进的问题，让学生通过观察、讨论、分析，一步步进行探究。如在教学《降低化学反应活化能的酶》一节时，教师可以设计一系列问题：（1）斯帕兰扎尼如何设计实验证明胃具有化学性消化作用？（2）巴斯德和李比希争论的焦点是什么？（3）毕希纳是如何设计实验的？其实验的自变量、因变量分别是什么？如何控制自变量和因变量？（4）怎样确定萨姆纳提取的物质是脲酶？如何证明脲酶的本质是蛋白质？（5）切赫和奥特曼的研究结果是什么？如何重新认识酶的本质？通过探究这些问题，学生体验到科学探索是以永不停息的步伐前进着的，感悟科学家实事求是的态度、勇于怀疑和批判的精神。这些正是高中生科学素养的最重要的组成部分。

二是营造民主的师生关系，创造求真、求实的氛围，积极探究。科学探究活动需要发挥生物学教师的主导作用，更需要充分发挥学生的主体作用。营造和谐民主的师生关系，让学生有机会提出个人想法、见解、问题，让学生有勇气对教师设计的有关问题和结论提出质疑。思想实验过程中要求学生和老师处于平等地位，只有这样才能创造求真、求实的探究氛围，才能让学生在思想实验中体验积极探究的快乐，收获智慧火花绽放的喜悦，树立自我肯定、自我成才的成就感。

在思想实验中，要鼓励学生争论，鼓励学生质疑。教师有时可故意制造漏洞，引导学生质疑、讨论，激发其智慧的火花。学生的质疑和争论，可以充分展示其思考问题的视角，暴露其知识和思维的缺陷，有利于生物学教师更准确地把握生物学教学的深度和广度，使生物学教学更加符合学生的心理、思维特点，更具有实效性和针对性。这种争论、质疑、讨论的课堂，充满睿智，是真正充满生机和活力的生命课堂。

三是让学生体验探究过程，领悟科学探究方法，提高解决问题的能力。孟德尔遗传实验可作为用思想实验体验探究的典型案例，学生要掌握它不能只靠死记硬背，而是要遵循孟德尔探究历程的思路进行学习：根据问题作出假设→根据假设演绎推理预测测交实验结果→比较实验结果与预期是否一致→得出结论……

这样，可以让学生体验遗传定律发现的历程，领悟孟德尔科学实验的方法——假设演绎法，学习其对实验结果进行统计学处理的方法，从而提升自身解决问题的能力。与接受式学习相比，通过思想实验进行探究学习，让学生可以体验到学习的快乐，提高解决问题的能力。

总之，在高中生物学教学中通过思想实验进行探究性学习是一种教学尝试与改革，必然存在诸多有待改进的方面。只要我们广大生物学教师，积极探索，主动探究，勇于实践，进行思想实验，在培养具有科学探究精神的创新型人才方面，我们一定能发挥教师应有的作用。

（本文写于2013年5月，荣获安庆市中小学教育教学论文一等奖）

第二辑　教学思考

在生态足迹概念教学中渗透社会责任教育

20世纪90年代初，加拿大学者里斯(Willian E.Rees)提出生态足迹的概念。2019年人教版普通高中生物学教材选择性必修2第4章《人与环境》中引入这一新的概念，并且用"巨足"模型形象直观地展示了生态足迹的具体组成。这一新概念的教学是渗透高中生物"社会责任"核心素养的理想切入点。

一、剖析生态足迹及其相关概念

教材中这样描述："生态足迹，又叫生态占用，是指在现有技术条件下，维持某一人口单位（一个人、一个城市、一个国家或全人类）生存所需的生产资源和吸纳废物的土地及水域的面积。"查阅相关文献资料发现，生态足迹计算的单位通常使用 km^2/人。教材中用图4-1表示生态足迹组成，具体包括建设用地、碳足迹、林地、草地、耕地、渔业用地等。该示意图形象地帮助人们理解生态足迹为一只负载人类和人类所创造的城市、耕地、铁路等的"巨"足踏在地球上时留下的足迹。生态足迹的值越大，代表人类所需要的资源越多，对生态和环境的影响就越大。生态足迹相关概念包括生态承载力、生态赤字和生态盈余。生态承载力即在某一特定环境条件下（主要指生存空间、营养物质、阳光等生态因子的组合），某一种群存在数量的最高极限。区域生态足迹如果超过了区域所能提供的生态承载力，就出现生态赤字；如果小于区域的生态承载力，则表现为生态盈余。区域的生态赤字或生态盈余，反映了区域人口对自然资源的利用状况。如人口密集的城市，往往会出现生态赤字；人口稀疏的生态环境良好的乡村，常常会出现生态盈余。

生态足迹是一种新兴的定量测度人类对自然的生态消耗和可持续发展程度的生态经济学新方法。研究生态足迹，对于研究一个地区生态环境的改善，对居民生活方式的改变以及生态旅游业的发展，都具有重要的参考价值。

理解生态足迹及其关联的概念似乎不难，但要认真分析这个概念，要把相关数据转换为土地面积，虽然有专门的计算公式，但是很复杂，既要考虑不同地区森林、草原、农田生产力的差异，又要考虑不同国家、不同区域人们生活方式的差异，还要考虑生物多样性对生态足迹的影响等。

在高中生物学教学中，只要求学生理解概念、举例说明、明晰生态足迹增减的大致原因，树立和践行健康生活理念，担当起节约资源、爱护环境的社会责任。

二、研究生态足迹典型案例

教师在教学过程中，可以引导学生在预习基础上，采用师生讨论、分层递进、一问一答的方式进行学习。

(一)步行与开小汽车

教师问："步行和开小汽车，哪一种方式更符合低碳生活理念？"学生会不假思索回答："步行。"教师进一步追问："开小汽车会增加生态足迹的原因？"然后和学生一起分析，首先，开小汽车要修路，

修建停车场，道路、停车场须直接占用土地；其次，小汽车运行过程中，会排放大量尾气，尾气的吸收需要一定的林地；再次，小汽车的生产需要钢材、橡胶等原材料，原材料的加工需要增加生态足迹。最后，教师小结：随着经济和社会的发展，人们的生活得到了更好的物质支持，人们的消费水平也在不断提高。追求美好生活与有效降低生态足迹，确实存在一定的矛盾。以低碳环保生活为例，我们尽量少开车，除了步行外，我们可以选择骑自行车、坐公交、坐地铁等多种出行方式，以减小生态足迹。

(二)吃牛肉与吃蔬菜

教师提问："吃牛肉与吃蔬菜，哪一种生活方式会增加生态足迹"？学生回答："吃牛肉！"教师进一步追问："为什么？"并提醒学生结合生态系统能量流动的特点来分析。师生一起结合能量流动"单向流动、逐级递减"的特点，分析能量流动传递效率一般为十分之一。吃牛肉与吃蔬菜，人要获得同样的能量供应，前者却需要大约十倍的生产者提供能量。教师引用美国科学家高度评价中国主食淀粉的饮食文化，对比分析主食是淀粉地区和主食是奶肉地区的人。从食物链视角分析，主食淀粉的人，基本可以看作初级消费者；主食奶肉的人，基本可以看作次级消费者，后者会明显增加生态足迹。教师小结：不是倡导大家素食，特别在身体发育、学习紧张的高中阶段，大家不能仅做初级消费者，要学会"杂食"，在提倡荤素搭配、合理膳食、均衡营养的前提下，要厉行节约、禁止浪费，提倡光盘。

(三)居城市与居乡村

教师提问："在生态环境都比较良好的情况下，在城市生活与在乡村生活，哪一种生活环境会出现生态赤字或生态盈余？"学生不难得出：城市生活会出现生态赤字，乡村生活会出现生态盈余。教师进一步追问"为什么"？学生结合地理常识，分析城市人口密度大，生态足迹大于生态承载力，会出现生态赤字；乡村人口密度小，生态足迹小于生态承载力，会出现生态盈余。教师还可以与学生一起从许多工业集中在城市，城市交通发达，均需消耗较多的能源，另外汽车排放的尾气多。教师又抛出一个话题：大家是愿意生活在乡村，还是城市？有的学生答城市；有的答乡村；有的答在城市和乡村之间交替居住；有的答年轻时生活在城市，退休后到乡村生活。教师小结：城市居住确实有就医方便、就业选择多、子女入学便利等诸多的优越条件，但党中央、国务院正在大力推行乡村振兴战略，未来的乡村将是一片广阔的天地。

三、如何减小生态足迹,践行健康生活,提升社会责任感

师生一起讨论之后，教师可以引导学生总结，哪些生活方式是健康的生活方式？

一要减小生态足迹。例如，节约一滴水一度电，做到随时关紧水龙头；晴天教室不开灯或少开灯，做到人走灯熄；夏天室内空调温度不宜调得过低，28℃最佳，冬天室内空调温度不宜调得太高，18℃最佳。又如，节约一张纸一支笔，书写时字号适中，不浪费草稿纸，复印资料实行双面复印，使用签字笔可购买多支笔芯，实现笔杆的循环利用。再如，节约一粒粮食一碗菜，在遵循合理膳食、均衡营养基础上，不暴饮暴食，选择合理方式保存食品。

二要践行健康生活。良好的生活习惯，终身受益。列举一些学生的学习和生活习惯，师生一起分析这些习惯的好与坏，鼓励学生告别不良的生活习惯，制订并践行健康的生活方式，如厉行节约、

避免浪费，珍惜粮食、光盘行动，不比穿戴、低碳出行，实施垃圾分类、节约资源，呵护自然、珍爱生命等。

三要提升社会责任感。结合中国资源较为丰富、人口基数大、人均资源在世界排名靠后的国情，引导学生深刻反思，认同践行健康生活计划、厉行资源节约的必要性。

今天的教育，是为了明天的发展。当下的高中生将是未来国家发展的中坚力量，今天能在他们内心深处打下减小生态足迹的烙印、践行健康生活的理念、提升社会责任的使命，未来的他们，自然会以良好的行为习惯、健康的生活方式、高度的社会责任感去管理自己、家庭和国家。

（本文写于2023年5月，荣获2023年安徽省中小学教育教学论文评选三等奖）

生物学高考复习策略：万剑归宗看教材

高考命题"源于教材，高于教材"，首先是源于教材。本文旨在指导学生如何回归生物学教材，并进行有效复习。回归教材是指学生结合自身学习实际，在老师指导下，利用课内外时间，有目的、有计划地深入研读教材。

一、如何剖析教材体系

部分学生对高中生物学教材编写体系和知识框架缺乏整体认知，对各个模块的关键词理解不透，教师须引领学生剖析教材编写思路，把握各模块关键词。

"分子与细胞"模块的关键词为"分子""细胞"。教材遵循系统论的观点，紧紧围绕细胞的发现、细胞学说的创立，以及细胞的分子组成、结构和功能、细胞的生命历程来编写。

"遗传与进化"模块的关键词为"遗传""变异""进化"。前三章以遗传和变异的物质基础——基因为核心，介绍遗传两大定律的发现过程，将基因定位到染色体上，揭示基因的本质，阐明基因表达的中心法则。后三章阐明变异的机制，介绍育种的方法，简述现代生物学进化理论。

"稳态与环境"模块的关键词为"稳态""环境""调节"。三个

第二辑 教学思考

关键词贯穿该模块所有章节内容。从微观层面，"稳态"与"调节"可以拓展到分子水平；从宏观层面，可以以生物圈的稳态及其调节来阐明"稳态"与"调节"的因果关系。

整个教材是围绕"细胞—组织—器官—系统—个体—种群—群落—生态系统—生物圈"等生命系统的九个层次来编写的，遵循从微观到宏观的编写原则。

二、如何突出主干知识

许多学生在回归教材时抓不住重点和难点，不分枝叶，均衡用时，按每天阅读多少页教材来计划看书。教师须明确指出高考的命题特点：重点考查主干知识，让学生回归教材时要"厚此薄彼"，深入研读重点章节，切忌"眉毛胡子一把抓"。如细胞代谢是每年高考的重点之一，细胞代谢中的光合作用和呼吸作用又是细胞代谢中的重点。光合作用是地球上最伟大的化学反应，是生态系统一切生命体能量的最初入口，而呼吸作用是一切生命体将有机物中化学能转变为各种生命活动所需能量的唯一出口，所以光合作用和呼吸作用理应成为高考命题的重点章节。又如细胞结构、细胞代谢、细胞分裂、遗传、调节、生态和实验设计是高考命题的七大领域，回归教材的最好做法是引导学生针对自己解题时的易错点，研读教材，查缺补漏。

三、如何抓住核心概念

许多学生对等位基因、同源染色体、基因、基因表达等核心概念理解不透。教师对课本的核心概念要作深度剖析，不能停留在教材层面，要让学生知其所以然。教师要有一定的知识延伸，要常常翻阅大学教材，储备足量的知识。如同源染色体概念："配对的两条染色体，形状和大小一般都相同，一条来自父方，一条来自母方，叫做同源染色体。"肯动脑子的学生会问："既然一条来自父方，一条来自母方，说明来源不同，怎么叫同源染色体？"教师在复习教学时，务必要讲清楚："同源"是指"进化起源"而非"近期来源"。学生一旦理解了同源染色体概念的内涵，就找到了一把破解遗传和减数分裂等重难点的钥匙。又如基因的概念，亦是教学难点，教师在本节复习教学时，最好和学生们一起画真核基因和原核基因结构图、真核生物基因转录和翻译的概念图，有必要让学生搞清楚非编码区、编码区、启动子、内含子等概念。这个概念图画下来，学生对基因与DNA的关系、基因突变的实质、cDNA文库、逆转录、真核生物基因为什么不能拼接到原核生物基因组中等问题就会明白了。

四、如何补齐知识短板

一些学生的生物学知识是凌乱的、破碎的，教师要帮助学生拓展其生物学知识的宽度和深度，增大学生知识木桶的容量。在高中生物学教学中，教师要介绍生物学分类的六界系统，让学生大致了解病毒、类病毒和朊病毒的差异；了解原核生物的主要类群；能区分几类真菌，如酵母菌、霉菌（赤霉、青霉、面包霉、毛霉、曲霉）、各种食用菌（金针菇、木耳、石耳、银耳、平菇、茯苓、天麻、猴头菌）；能区分植物的主要类群，如藻类、苔藓类、蕨类、种子植物等；能区分动物的主要类群，如无脊椎动物中的腔肠动物、扁形动物、环节动物、线性动物、软体动物和节肢动物等，脊椎动物中的鱼类、两栖类、爬行类、鸟类和哺乳类等。

教材上许多知识点是以真核生物为例来呈现的，但高考则要拓展到整个生物界来进行考查。例如：从进化起源来分析，光合作用与叶绿体，哪一个先出现？有氧呼吸与线粒体，哪一个先出现？列

举蓝细菌无叶绿体，能进行光合作用；无线粒体，能进行有氧呼吸。

在教学《人体的内环境与稳态》《动物和人体生命活动的调节》两章时，有必要给学生补充与内环境直接相关的四大系统，以及参与调节的两大系统。

五、如何寻找命题原点

部分学生看书注重文字信息，轻视其他信息源，但易于忽视的信息恰恰可能是高考命题原点和切入点。教师可精选几道经典高考真题，与学生一起寻找其命题原点在哪里，要让学生知道教材中每一章的章前图、本章小结、自我检测题，每一节的问题探讨、本节聚焦、相关信息、旁栏思考题、图表、实验探究、技能训练、练习、拓展题和科学家的故事等都有可能成为高考命题原点。

如2010年安徽高考理科综合能力测试生物试卷第1题：

下列关于生物膜结构和功能的叙述，正确的是（　　）

A.肌细胞的细胞膜上有协助葡萄糖跨膜运输的载体

B.细胞膜上的受体是细胞间信息交流所必需的结构

C.线粒体内膜上只分布着合成ATP的酶

D.核膜上的核孔可以让蛋白质和RNA自由进出

命题原点为生物膜系统，涵盖人教版《普通高中课程标准实验教科书 生物1必修 分子与细胞》第三章《细胞的基本结构》和第四章《细胞的物质输入和输出》内容。A选项命题原点在教材70～75页，要提醒学生仔细推敲自由扩散、协助扩散和主动运输等概念的文字表述。B选项命题原点在教材42页，相邻的植物细胞之间通过胞间连丝相互连接，进行信息交流，不需要受体蛋白参与。C选项命题原点在教材45页，同时可参照阅读93～94页有关有氧呼吸的内容。D选项命题原点在教材52～57页。

又如2012年安徽高考理科综合能力测试生物试卷第5题：

图示（图略）细胞内某些重要物质的合成过程，该过程发生在（　）

A.真核细胞内，一个mRNA分子上结合多个核糖体同时合成多条肽链

B.原核细胞内，转录促使mRNA在核糖体上移动以便合成肽链

C.原核细胞内，转录还未结束便启动遗传信息的翻译

D.真核细胞内，转录的同时核糖体进入细胞核启动遗传信息的翻译

命题原点在人教版《普通高中课程标准实验教科书 生物2必修遗传与进化》67页图"正在合成的多肽链"。

总之，我认为生物学高考复习最有效的策略还是万剑归宗看教材。

（本文写于2020年5月，荣获安庆市中小学教育教学论文评选一等奖）

如何提高生物学高考审题技能与答题规范

在批阅学生高考真题及模拟试题过程中，我发现许多学生生物学考试失分原因大致有以下两种情况，一是审题不清，二是答题书写不规范。在高三后期复习备考中，教师既要重视查缺补漏，帮助学生补齐知识能力短板，也要加强审题技能和答题规范性训练，提升高考竞争力。

一、如何提高审题技能

一是通读全文试题。许多学生做题时，唯恐答题时间不够，忽视读题环节，不舍得在读题上花时间；常常是欲速则不达，审题不清，匆忙下笔，则离题万里。有的学生把生物学简答题当作填空题来做，看一小题，做一小题，完全忽视了简答题问题设置的系统性和关联性，经常出现答题错位、答案不精准的现象。

俗话说，磨刀不误砍柴工。在后期复习备考过程中，务必要重视读题，尤其是简答题的读题，在通读试题全文（包括题干和各小题）过程中捕捉关键词语。

二是捕捉关键词语。通读试题全文的第一步是捕捉关键词语，即通俗说法中的"题眼"。所谓题眼，就是题目考查的重点或主旨所在。找准了题眼就找到了审题的关键处、解题的突破口。

76

有的学生在做实验设计题和遗传推断题时，常常依据惯性思维生搬硬套，忽视题干中的"验证""探究""实验设计思路""预期实验结果""观察后代性状表现"等关键信息。例如，试题要求从分析子代雌雄个体的性状差异来判定该性状遗传属于常染色体隐性遗传还是伴 X 染色体隐性遗传，部分同学依然采用常规的正交与反交的方法。这样不捕捉关键信息，不按要求做，写得很辛苦，结果为 0 分。有些学生在做生态专题的试题时，常常忽视题干中"从种群""群落"层级分析的提示语，以及题干中的有可能是"标准答案"的关键语句。此外，学生还需关注题目中的"只""全""都""一定"等关键性副词。

三是找出隐含条件。在审题过程中，捕捉关键词语之后，还需找出隐含条件。特别是图表、曲线题的设计，其目的是考查学生获取信息的能力。这类试题往往需要学生通过分析，找出图表、曲线中相关隐含条件，从而领会命题者的试题设计意图。

四是及时做好批注。阅读试题全文时，建议学生用笔在题干中及时做好批注，如以画横线、打三角符号等多种方式标注关键词语，以便能更好地利用关键词和隐含条件分析试题，寻找最佳答题路径。

建议学生打草稿时遵循从左到右、从上到下的书写顺序，并写上题号，防止学生复核答案时，在草稿纸上找不到某题打草稿的区域，引起心慌意乱。

五是领会命题意图。通读试题全文，捕捉关键词语，找出隐含条件，及时做好批注之后，下一步很关键，即领会命题意图。通俗地说，要领会命题者命制此题是要考查哪个生物学知识点？会设置哪些陷阱？是体现高考命题要求中哪种能力（理解能力、获取信息的能力、实验探究的能力以及综合运用的能力）的考查？生物学上许多概念、定律和生命现象都是在总结真核生物的生命现象和生命

规律基础上总结出来的，如孟德尔遗传定律、有丝分裂和减数分裂、光合作用和呼吸作用、中心法则等概念。这些概念是有其适用范围的，但命题者是把这些概念、定律放宽到整个生物界中来考量，这种命题意图，学生务必要认真领会。

六是筛选答题路径。对于简答题，尤其是解遗传推断题和实验题，筛选答题路径很重要。如部分简答题要求你填写"理由是"或"原因是"，通过审题，要从分析已知条件出发，选择合适路径，最终要回到题干中要达成的结果。如植物"午休"现象对光合作用的影响，你要分析植物的"午休"现象（条件）是为了减少水分的散失关闭气孔，导致植物吸收二氧化碳能力大大降低→影响暗反应过程中二氧化碳的固定速率（路径），最终影响光合作用速率（结果）。再如疏松土壤促进农作物生长的原因分析，你要从疏松土壤（条件）是增加土壤中氧气，促进植物根细胞有氧呼吸和植物根细胞对土壤中矿质离子的吸收（路径），进而促进植物的生长。

二、如何规范答题

一要书写规范。虽然生物学学科考试没有卷面分的要求，但书写工整，看起来赏心悦目，尤其是老师连续看到多份字迹潦草的答题卷之后，看到一份清清秀秀的答题卷（也许答案未必完全正确），也许会酌情少扣分。书写规范还应包括语言表达的科学性、规范性、完整性、逻辑性等方面，切忌"词不达意""答非所问""思维混乱"。最好是写好后默读一遍，看是否通畅以及有没有明显的错误。

二要运用专业术语。用准确、规范的生物学专业术语答题，这也是生物学高考答题的基本要求。如果对容易混淆的概念、名词和专业术语掌握不牢固，就可能失分。后期复习要回归教材，对生物学教材上的概念、名词和专业术语要熟练掌握，要多看教材黑体字部分，尽量用教材"原句"答题。

三要思路清晰。生物学属理科，其核心素养之一为"理性思维"，答题时要做到层次清晰，言简意赅，逻辑严密，要体现理科特点。近几年生物学高考要求学生不仅要知其然，还要知其所以然，要求考生回答"为什么""原因是"，大家答题就要遵循从影响因素（题干已知）到原因，再到结果（题干中有），这类试题解答可归结为"承前启后"式答题。

四要加括号备注。对于某些试题，万一拿不准填哪一个概念或专业术语，可以填写一个概念或术语，后面加括号备注，确保万无一失。如遗传物质（基因），能量（ATP），遗传学诊断（基因诊断），染色体（染色质），生产者（第一营养级），腐生生活的细菌和真菌（分解者），碱基序列（脱氧核苷酸序列），遗传信息（基因上脱氧核苷酸序列），遗传信息的传递（DNA复制），基因表达（转录和翻译），反馈调节（负反馈）等。

五要减少试卷空白。在理科综合卷考试过程中，常常会遇到不会做的或拿不准的，这时不要轻易放弃，可以围绕试题所对应的考点，写上自己知道的某些概念或语句，尽量不要留空白。越是新颖的情境试题，越是不要恐慌，说不定命题者在题干中提供了隐含语句，就是某小题的答案。

即使是大家最怕的遗传推断题，也不宜完全放弃。从命题者的命题意图来看，不希望某个试题出现大面积空白。因此，遗传推断题的第一小题往往难度并不大，中等基础的同学可以得分。例如某遗传推断题，第一小题要求考生判断灰身与黑身的显隐性，这是可以做的；判定卷翅基因位于常染色体还是X染色体上，即使不会做，也要尝试，有50%的可能。第二小题给出了甲、乙、丙、丁四种果蝇种群的基因连锁模式图，请你选择杂交组合，写出两种方案的实验思路、预期结果及结论。这也是可以试一试的，写对一种杂交组合，就可以得一分。

（本文写于2021年5月，荣获安庆市中小学教育教学论文评选一等奖）

高中生物学教师要顺应新高考，展现新作为

新一轮高考改革，经过多省份多批次、多种模式的试点，绝大多数省份高考改革架构"3+1+2"的选科走班模式已基本定型。从多省份发布选科指南之后，家长和学生选科日趋理性和稳定。生物学学科高考喜忧参半，分值上升了10分，学科高考地位却下降了。

一、高中生物学教师面临来自新高考的挑战

一是教学班级阵地部分丧失。以物理方向为例，绝大多数高校在学科专业设置上采取的是物理与化学捆绑，学生选物理方向，可以弃选生物，导致生物学教师丧失部分教学班级阵地。许多学校的生物学教师相对富余，生物学教师的生存空间有所缩小。

二是单兵作战方式面临困境。面对新高考，抢占学科阵地，需要依靠生物学学科整体战斗力。而许多学校生物学学科组建设缺乏经费支撑，缺乏组织保障，缺乏领军人物，缺乏纪律约束，校本研修流于形式，学科整体高考竞争力不强。

三是教师职能定位亟须拓展。新高考前，学生只要选理科就必须学生物学，生物学教师的职能比较单一，即教授生物学，无须过多考虑如何构建和谐的师生关系？如何提高课堂效率？如何规划自身的职能和专业发展？新高考选科走班背景下，生物学教师就必须

考虑如何激发学生学习生物学的兴趣？如何吸引学生选择生物学？教师职能须拓展，不仅要埋头拉车，而且要抬头看路。

四是教师发展需要跨界。传统校本教研模式，局限于学校生物学学科组，甚至生物学年级备课组，组内4~5个人，缺乏领军人物，缺乏浓郁的教研氛围；教研活动形式单一，往往是听课、评课；外出学习交流机会不多，校内学科组之间难以跨界，教师发展缺乏有效机制，教师成长停滞不前。

二、高中生物学教师，如何顺应高考改革大势

一要树立忧患意识，顺应改革大潮。以安徽高考模式为例，选科走班在理论上有12种组合，但在实际运行过程中，出现了明显的偏差。物理方向，传统的物化生组合选科人数最多，在全省考生中占比最高，集中了全省绝大部分优质生源，物化捆绑，已成主流。有部分学生选物化政或物化地组合，也有少数学生选物生地或物生政组合的，比例逐年下降。历史方向，传统政史地组合，在全省考生中占比在25%~30%，选其他五种组合的少之又少。因此，与之前的高考相比，生物学被政治、地理挤占，已成常态。以一个中等规模的学校为例，一个年级20个教学班，物理方向15个班，如果理化地和理化政两种组合有4个班的话，生物学科每个年级就有两位老师4个班的教学任务被挤占。

基于这种现实，生物学教师要有忧患意识，如果不引起高度关注，生物学学科的教学阵地还有继续萎缩的风险。如何坚守阵地，需要好好反思原因，积极寻找破局良策。

二要树立协作意识，加强校本教研。基于目前普遍存在的单兵作战生物学教学现状，我认为要树立组内协作意识，加强校本研修，提升生物学学科组驾驭高考的能力和驾驭课堂的能力，特别在高一

第一学期的生物学教学中，如何激发学生的学习兴趣，提高生物学的学科成绩，是摆在全体生物学教师面前的重大课题。显然，传统的满堂灌、一言堂的教学方式要彻底摒弃，新课程倡导的探究合作式学习，注重激发学生思维的教学方式，不妨用起来。另外，怎样构建和谐友好的师生关系，让学生"亲其师信其道"，也要纳入学科教研的范畴。许多高一学生就是跟着感觉走，喜欢这位老师，就会下一番功夫，在海量作业面前，该科作业的书写排序靠前，完成情况良好。如果不喜欢这位老师，他可以在你的课堂上做其他作业，因为他有不选择你所教这门学科的权利。

三要树立发展意识，拓展学科外延。除了坚守生物学教学阵地之外，基于生物学学科特点，结合新高考和当下教育的发展现状，我认为生物学教师要树立发展意识，还可以在以下几个方面拓展生物学学科的外延，拓展生物学教师的生存空间。

（1）传统策略，可以积极申请担任班主任。当一个有名气的班主任，其社会认可度和影响力，不亚于学校中层干部。可以积极争取参与学校中层管理，慢慢进入校级层面管理。如果在经济发达地区的优质学校，生物学教师可以争当奥赛教练，可以做生物学创新实验室主持人。

（2）创新策略，可以做一名心理咨询师、生涯指导师、营养师、学习指导师和园艺师。积极学习心理学，如果有心理辅导方面的技能，在特定情况下能治病救人，帮助一个孩子走出阴影，走向阳光地带，帮助一个家庭从破裂边缘走向温馨和谐；可以做一名生涯指导师，研究高考新政策、生涯教育，帮助学生选科走班，开启人生自我规划的旅途；可以做一名营养师或学习指导师，研究中学生的饮食习惯、生活习惯和学习习惯，指导学生吃好、睡好、休息好，基于大脑科学开发思维，提升学习效率，养成良好的学习习惯；可

以做一名园艺师，积极参与校园绿化的维护，组建园艺社团，培养学生审美情操和劳动实践能力，渗透环境育人功能。

四要树立开放意识，借用他山之石。"君子性非异也，善假于物也！"生物学教师要有开放意识，善于借用他山之石。教育是一门艺术，各个学科各有学科特点，也有许多共性。我们不仅要积极与兄弟学校的生物学教师联系，经常开展校级交流，相互听课评课，研讨"三新"背景下的高中生物学教学。我们也可以向校内优秀学科组教师学习，把语文、数学、英语等学科的好的教学方法、好的考练方法运用于生物学教学和备考。当下教研氛围不浓，个人教研未得到应有的尊重。其实写论文、做课题，如果不是仅仅为了评职称，而是真写真研，是一个很好的学习与提升教师素养和教学基本功的途径。通过仔细研读教材、研究课标、研究高考政策、查阅参考文献，是一个与文本对话、与全国名师对话、反思自身教学不足的学习过程。

教师是学校发展的第一资源。教师管理以学校为单位，但教师成长要打破学校和学科限制，在校内可以跨学科成长，基于网络资源，在校际可以跨界生长。

三、高中生物学教师如何更换赛道

一是做生物学校本特色课程的开发者。未来的高中教育，更加关注人的全面发展和个性化发展。生物学学科有其独特的优势，高中生物学教师要不断加强学习，积极开发生物学校本特色课程资源。在如何引领学生养成良好的学习和生活习惯方面发力，引导学生成为富有持续学习动力、具有良好学习品质、具有优秀生活习惯的高素质人才。生物学教师可以结合当地的丰富生物资源，引导学生走出学校、走向自然，学习大自然这本"天书"，增强热爱家乡、热爱祖国大好河山的家国情怀。

二是做培养学生创新能力的指导者。未来的高中教育，更加注重人的创新思维开发、创新能力发展。科技是第一生产力，培养具有创新能力的科技人才，是国家实现科教兴国战略的关键环节。高中生物学教师，特别是具有科研经历和技能的生物学教师，可以在这个方面大显身手，有所作为。

三是做学生身心和谐发展的引路人。习近平总书记指出，教师要做学生锤炼品格、学习知识、创新思维、奉献祖国的引路人。教师不仅要关注学生的成绩，还要培养学生的品格修养、学习方法、创新思维和爱国情怀。作为高中生物学教师，可以基于"五育"融合发展，做学生身心和谐发展的引路人。

总之，高中生物学教师要顺应新高考，展示新作为，要增强"四个意识"，拓展教师职能，提升专业素养，提升生物学教师的生命境界，拓展生物学教师的生存空间，实现更高层次的育人目标；提升学生的生命境界，促进学生身心和谐发展，为党育人，为国育才。

（本文写于2023年夏，我在郎溪中学挂职期间）

第二辑　教学思考

第三辑
学习心得

　　学思结合，研悟笃行，方能收获培训的真谛。

借鉴绿色评价，体检安庆教育

2014年7月20—25日，我很荣幸参加了安庆市教育体育局组织的赴上海铭师培训中心培训学习。培训归来，思绪万千，感慨良多。下面是我学习的几点感悟与思考，愿与各位教育同仁共同分享。

一、"绿色评价"关注中小学生全面发展

上海绿色评价是借鉴国际PISA（国际学生评估项目测试）的有关理念，把学生的发展状况作为评价教育质量的内容，即直接看培养对象本身。因此，这种评价既关注学生的学业成绩，又关注学生的品德发展和身心健康；既关注共同基础，又关注兴趣特长；既关注学习结果，又关注学习过程和学习效益。

格致中学办学历史悠久，以理科见长。校名取自《大学》中"正心诚意，格物致知"。该校把"修身、齐家、治国、平天下"作为对学生的激励语。该校学生社团很多，学生可以根据自身特长和爱好，选择感兴趣的社团和社团活动。这对激励学生志向、锻炼学生各种能力具有重要作用。格致中学每个班级都有自己独特的班牌、班徽，都是学生自行设计的。在寸土寸金的上海，格致中学建有游泳池，暑期免费安排学生学习游泳，这既是一项很好的体育锻炼，又是真正意义上的安全教育。

静安教育学院附属学校，又是一所让我们折服的九年一贯制学校。该校校长张人利，其姓名让我想起"思利及人"。张校长幽默风趣的报告，让我感悟到"一个名校长，就是一所名学校"。张校长先进的育人理念和独特的管理理念让人钦佩。该校注重优秀教师培养，注重学生全面发展和特长发展，从学校走廊上悬挂的优秀教师巨幅照片、学生的"凡人凡言"以及各种为特长生提供的功能室，就可以反映出来。张校长给我们展示了该校近几年绿色评价的分析报告，许多指标都居上海市前列。他还列举了该校针对绿色评价分析报告中的短板，及时查找原因、寻找对策、最后迎头赶上的真实事例。

聆听专家报告，参观上海名校，让我们真切体会到，上海"绿色评价"切实关注学生的全面发展。

二、"绿色评价"促进上海教育优质均衡发展

上海"绿色评价"设置了学校"跨年度进步"指标。通过对学校目前的学业质量与过去的学业质量进行比较，研究学校在各项指标上的发展进步情况。这就解决了改革的第一个关键问题"方向问题"，就是要树立"科学的教育质量观"，不再是"分数是一切"。这种做法，让名校不敢再"居功自傲"，让薄弱学校能看到希望，努力奋进。

上海市教委积极与国际有关机构合作，积极参与国际PISA考试，以一种积极主动的开放心态，以一种深邃的战略眼光，构建了基础教育阶段学生应该达成的学习评价体系。这种科学的评价体系，不仅有一支具有国际视野的研究指标体系的专家团队，还有一批能娴熟运用大数据分析系统的网络技术人员。这就解决了改革的第二个关键问题"方法问题"，就是要运用科学规范的评价方式，改变过去将考试作为唯一评价手段，过分注重分数的做法。

这种评价方式，方向正确，方法科学，操作规范，使各级各类学校都有自主发展的机会，使整个上海市教育步入优质均衡发展的快车道。

三、对安庆教育综合评价改革的思考

一是须着力加强教育质量评价改革专业团队建设。我市教研队伍一度在全省乃至全国都很有知名度，但如今的教研队伍存在"年龄老化、心态老化、职业倦怠"的现象。这支队伍过于稳定，新陈代谢缓慢，缺乏活力和创新精神，难以胜任领跑"教育质量综合评价改革"的历史重任。

市教育局要借本次试验改革为契机，敦促市、县教育主管领导，重视教研室队伍建设，切实提升市、县教研员的专业素养，提高教研室的研发能力。在开展试验过程中，要及时吸收各类样本学校积极参与试验改革的实践者和研发人员，充实我市教育质量评价改革专业团队的力量。特别要重视两支教研团队建设，一是评价工具研发团队建设，二是数据收集和分析的网络技术人员队伍建设。

二是适度缩小试验范围，逐年稳步推进改革进程。我市教育均衡度、教育投入、教科研力量等均远远落后于上海市。上海市教委改革步伐比较谨慎，至今仍未拓展到高中阶段。鉴于此，我们要及时调整前一阶段的试验计划，要压缩试验样本学校数量，在几个条件较好的学校进行改革试点，逐年稳步扩大试验样本学校范围，稳步推进试验改革进程。

三是适度改革中考考试制度，助推试验改革顺利进行。安徽中考制度改革已经出现"省考"与"县考"两结合的大趋势。我市"县考"科目大致是生物学、地理、理科实验和体育，分值各市县不等。我市理科实验考查和体育考试已全面实行，虽然体育和理科实

验考查考试分值不大，但在许多初中能看到早晨和课外活动时段，老师敦促学生锻炼身体的可喜现象；许多家长和老师也比较重视培养孩子的动手能力。

我市近些年来高考成绩的总体滑坡与长期忽视初中生物学、地理学科教学，未必没有关联性。因为这两门学科对培养学生较为全面的人文和科学素养，对学生进入高中阶段的持续学习能力而言，还是十分重要的。我建议把这两门学科列入中考学科，这样做对正在进行的试验改革，将会产生一定的推动作用。

四是创新教育管理机制，激发安庆教育人的创造力。近几年，山东和江苏的教育改革风起云涌，名校辈出，教育教学模式风靡全国，崔其升、陈康金、蔡林森、杨瑞清等一颗颗教育新星冉冉升起。作为安庆教育人，我感到一种莫名的悲哀！我们并不缺乏智慧，也并不是没有创造力，为什么智慧和创造力激发不出来？

我们期待安庆教育借本次改革东风，创新教育管理体制，赋予更多学校发展自主权，进一步健全校长选拔和培养机制，逐步建立教师合理有序流动机制，激发出我们安庆教育人的聪明才智和创造力。

总之，借鉴上海绿色评价经验，体检安庆教育健康状况，是为了促进教育的均衡发展，重塑安庆"教育大市"的良好形象。

坚守初心梦想，点亮人生灯塔

自岳西县汤池中学党支部开展"不忘初心、牢记使命"主题教育学习活动以来，我通过集中学习、个人自学、观看张富清和黄文秀先进事迹报告会视频，并结合暑期观看《刘伯承元帅》和《粟裕大将》两部电视剧，撰写学习心得如下。

我一直很崇敬老一辈无产阶级革命家，他们有救国救民的革命理想，他们为了实现这个"初心"，为推翻三座大山进行了艰苦卓绝的斗争，正如论述摘编中所言，老一辈共产党人的革命理想大于天。他们中的一部分人，舍弃原有部队的职位与荣华，毅然发动南昌起义，开启追求真理、实现理想的新的人生道路。在革命进入低潮后，他们毅然决然带领部队实现战略大转移，从江西瑞金出发，开始了二万五千里长征，与战士们一起，爬雪山、过草地、吃草根、啃树皮，历经艰难与困苦。是什么支撑着他们？是理想信念！因为他们始终坚信：中国共产党是人民的救星，能救人民于水深火热之中；中国共产党能开创中国美好的未来，领导全国人民站起来、富起来和强起来。

很是钦佩刘元帅的百姓情怀，尤其是与彝族首领小叶丹歃血为盟，借道通行，为突破敌人封锁，争取了宝贵时间，赢得了战略主动，避免了重大伤亡。在该剧集中，刘元帅在川军中的"军神"地

位以及他为劳苦大众谋幸福的革命理想感动了彝族人民，真正体现了军民团结一心、鱼水情深的精神。

印象最深刻的一件事是粟大将不赞成带部队到长江以南开辟战场，极力向中央提出建议，在中原地区寻找战机，歼灭国民党军队主力，为新中国的诞生创造了有利条件。他坚持自己的军事主张，是崇高的理想信念和对党的无限忠诚在支撑他。这个过程中，丝毫没有损害第一代中央领导集体的光辉形象，恰恰相反，第一代领导集体从善如流，采纳部下意见，改变之前的集体决定，真正体现了共产党人广阔的胸襟、非凡的智慧与高超的领导艺术。

2019年9月29日，张富清和李延年二位老人荣获"共和国勋章"，是军人的楷模与骄傲。在战争中，他们英勇善战、舍生忘死，多次荣立赫赫战功，用鲜血维护了民族的独立，捍卫了国家的尊严。脱下军装之后，他们转业至地方工作，从不居功自傲，从不炫耀，从不多花国家一分钱，在平凡岗位上坚守初心、对党忠诚、爱岗敬业、服务人民，充分展示了一位优秀共产党员的光辉形象。

每一代人，都有每一代人的长征路。黄文秀是新时代青年的优秀代表。2016年，黄文秀从北京师范大学硕士研究生毕业，放弃在大城市工作的机会，主动回到广西壮族自治区百色市工作，在脱贫攻坚第一线倾情投入、奉献自我，用美好青春诠释了共产党人的初心使命，谱写了时代的青春之歌。黄文秀在驻村一年时间内，汽车里程已达到了两万五千里，用实际行动书写了一代人的担当与忠诚。有人评价她，脚下沾有多少泥土，心中就沉淀多少真情。黄文秀，用奋斗为青春打好了最亮丽的底色，用奉献为青春绽放了最美丽的姿态。

反思我自己，1991年7月大学毕业回到家乡，在店前中学工作十二年，在店前初中工作两年，在岳西中学工作八年，在教育局教研室工作六年多，后到汤池中学担任支部纪检委员、副校长已有三年半，我的初心是什么？我的使命又是什么？记得2019年8月，我服从组织安排，到汤池中学工作，在学期第一次教职工大会上，我是这样跟老师们说的：一要转变角色，由局外人到局中人，由观察者到实干家，由评判者到运动员；二要多学习，多调研，多做事，慎发言，做一名实干家；三要与全体汤中人一起奔跑，一起发光，一起为汤池中学的发展奉献自我，做最好的自己，做最美的汤中人。我与大家分享了自己的座右铭：把学生放在心上，把心放在课堂上，照亮自己所在的小地方！

坚守初心梦想，点亮人生灯塔。为岳西县普高教育发展奉献自己的汗水和智慧，这就是我的初心与使命。

（本文写于2021年，系"不忘初心、牢记使命"主题教育心得体会）

第三辑　学习心得

敬业、公正、爱与尊重

从2018年3月上旬开始，历时一月有余，参加师德师风专题培训，学习了十多位专家1670分钟的视频课程，摘录了18000字的学习笔记，感悟颇多，获益匪浅。我结合从教27年工作经历，就如何修炼师德，选择从敬业、公正、爱与尊重等方面谈谈学习心得与体会。

一、敬业，是教师修炼师德的第一件法宝

案例1：一位教学水平高但不敬业的老师。一日，与某位小学语文教师A谈心，谈到限制我县许多优秀教师下一步发展的关键因素是提升教育写作能力时，她非常认同，说她自己的写作能力不强是与初中一位语文教师B不负责任的教学有关。

初中时，她的语文教师B，30多岁，本是全校学生公认的教学水平很高的语文教师，其教学理念和教学模式与现代教育教学理念较为合拍，但因为跟校长H有矛盾，消极怠工，放羊式上课。初三一学年的语文课，他基本上是让学生自学，自己看书，要么看与考研有关的书，要么像侦探一样窥视，一旦发现某位学生交头接耳，做小动作，便大发雷霆。一学期下来，虽然布置作文篇数不少，但B老师不批改、不评讲，不教学生写作的方法与技巧。尽管B后来攻

读了硕士学位，应聘到了某师范学院教书，个人发展很好，但在学生心目中，对B的印象很差，更谈不上尊重。相反，她妹妹的语文教师是一位民师起点的C老师，教学踏踏实实，做人做事朴实无华，安心在乡村初中教书育人，喜欢读书写作，积极引导学生读读写写，有板有眼开展写作训练，鼓励、引导、推荐学生投稿发表作品，参加各级征文比赛。C老师的这些做法，让学生受益匪浅，她妹妹的写作能力明显比A高，初中时就在有关报刊上发表过作品。

正如许多专家所言，爱岗敬业是师德的底线要求，做一天和尚就要坚持撞一天钟。上述案例中的B教师明显违反了师德底线，作为语文教师，就应该按照语文教学要求，坚守语文课堂，布置作文，批改作文，怎能因为与校长有矛盾，就拿学生的成绩和前程作为与校长对抗的筹码？

为谁而教？这是我们教师从教时首先要明白的道理。敬业，不仅仅是教师职业的道德底线，也是社会各行各业从业人员均要恪守的职业道德标准之一。因此，我认为修炼师德的第一件法宝便是引领教师做一个爱岗敬业的人。

二、公正，是教师修炼师德的第二件法宝

案例2：一位初中辍学学生眼中的好老师。有一位家庭贫困、成绩中等偏下的学生X，初中未毕业便放弃学业，外出打工，经过数年打拼，成为亿万富翁。有一次X谈到当年教过他的初中和小学的老师，他最敬重的是教初中语文兼带班主任的L老师。L老师对学生很严厉，也打学生。那个年代奉行严师出高徒，老师打学生很正常，但学生都很敬重他，原因是无论班级同学成绩好与坏，家庭贫与富，L老师都能一视同仁。

X印象最深的是，他辍学后，L老师骑自行车，翻山越岭十多

里，到他家家访，做他父母工作，动员他去上学。尽管他最终还是选择不读书，但内心深处很是感激当年老师的那次家访。那个年代，学生读不读书，家长和学生本人有很大的决定权。那次家访，说明L老师不歧视像他这样家庭贫困且成绩中等偏下的学生。相反，X小学的另一位语文老师M，尽管在当地口碑很好，教学业绩优异，但M老师对成绩不好的学生总是讽刺挖苦，深深刺伤了孩子们幼小的心。

正如许多专家所言，公正是师德的核心。尤其是老师对待后进生的态度，更是衡量老师是否公正的试金石。老师喜欢成绩优秀的学生，也许是一种天性与本能。但如果能公平公正对待后进生，因材施教，引导后进生不放弃、自强不息，寻找自我发展方向与突破口，便是一位德行高尚的老师，是一位"人师"。

魏书生老师对后进生做过深入研究和精彩点评，的确许多后进生是在老师批评的"枪林弹雨"中长大，抗挫折能力和耐压能力很强。进入社会，这些能力得到彰显，发展后劲十足，常常令老师刮目相看。李镇西老师也认为，转变后进生是最好的教育科研课题，可以帮助教师提升管理能力，不断成长，向名师看齐。

许多县城及乡镇中小学教师常常也有这样的认识，未来能和我们教师生活在同一地区的往往是班级成绩中等偏下的学生，对教师亲切有加的往往是当时我们批评得最多甚至打骂得最多的后进生。善待后进生，不仅是修炼师德的法宝，更是关乎自身未来邻里关系，关乎自身所在地区居民综合素质高低的善举。

这些年，岳西职业教育为纠正后进生的不良习惯，激励后进生奋发有为等方面做了大量辛苦而有意义的工作，如积极创建"全国最美学生寝室"，开展各种技能大赛和学生社团活动，使一部分学生通过社团活动，通过技能训练，释放了青春活力，展示了才艺，找到了自身发展的合适路径，这些学生或将是未来建设美丽岳西的主力军。

"三十六行，行行出状元。"社会和谐发展，需要各级各类人才，理论上，每一位学生都会在和谐社会中找到适合自身的位置。有专家建议，要用多把尺子来衡量学生，千万不能仅仅依靠学习成绩来评价学生。这就是我们教师要坚守的师德核心——公正。教师要独具慧眼，用放大镜来发现每一位学生的闪光点，勉励每一位学生自主发展，适性扬才。

三、爱与尊重,是教师修炼师德第三件法宝

案例3：一位情绪失控狠打学生，预言学生未来会犯罪的老师。20世纪80年代初期，初中男孩与女孩之间有禁区，交往不多，但男孩和女孩之间课间嬉笑打闹是常态。一个暮春季节的晚自习时间，某乡村初中一年级（只有一个班）班级中个子最小的一位男孩D趴在另一位个子较高的男孩J身上，在班级过道上跑来跑去，D老是不下来，J有些着急，用力一甩，把D摔在本班一位矮个子女孩K身上（平时男同学之间爱把D和K配成一对）。K气急败坏，哭着到班主任S处告状。班主任S是一位50岁左右的老学究，读过老书，教过师范，后来不知什么原因回到本乡初中教书。他一听K哭闹告状，火冒三丈，拿起橡胶三角皮鞭，怒气冲冲走到教室，当着全班同学的面把男孩J狠狠地抽打了一顿，还骂J是流氓。全班同学很是震惊，就连告状的女孩K也没有想到事态会发展到这么严重。

其实这位老学究很器重男孩J，J是班长，成绩班级第一。S可能是很气愤，认为优秀的学生不带头遵守班纪班规，反而做出这等怪事。后来J也选择了当老师，还是一名深受家长认可和学生尊敬的优秀班主任。昔日S教师的小题大做，武断预言他会犯罪进监狱的经历，让他常常提醒自己，处理孩子们之间的矛盾纠纷，最好先控制情绪后处理事件，另外处理事件时最好就事论事，千万不能扩

大化，更不能伤害孩子的人格尊严。

专家们都提到，如何实施"教育爱"是一种实践智慧，也是一门管理艺术。如何爱学生，如何尊重学生，的确是我们一线教师要冷静思考的实践智慧。许多教师是在以自己认为正确的方式爱学生，是在以自己认为具有高度责任心的心理教育学生。每当学生违反校纪校规时，许多教师的批评极其严厉，甚至像上述案例中的班主任一样，将小问题上纲上线，夸大后果，断言学生将来会怎样怎样，这都是缺乏教育智慧的表现。

现实生活中，许多有智慧的老师善于运用教育智慧，懂得教育爱的施爱方法，懂得尊重学生人格的艺术。当学生犯错误时，他会让学生感觉到老师是在平等与他沟通，特别是老师顾及他（她）的面子和做人尊严，妥善处理他（她）一时糊涂所犯下的错误，他（她）知错能改，一辈子都会铭记老师的爱、宽容与尊重。如某位班主任得知某位女生偷了别人的字典，没有现场指证她，而是自己掏钱买了一本赔给失主。这位女生后来也成了一名教师，给老师写信，表达了自己的感激之情，从自己的第一笔工资中拿出购买字典的钱邮寄给了当年的班主任。

当然，专家报告也指出：名师经验和智慧只可借鉴，不可复制。像上述班主任对待学生偷字典的处理方式，如果全盘照搬，对于那些一贯盗窃的学生，很有可能是一种放纵，丝毫起不到教师的宽容促进学生励志发展的良好效果。

我最欣赏的一个典型案例：一位以色列教师处理总是迟到、屡教不改，某次考试又迟到还撒谎车子爆胎、修车延误了考试时间的杰克兄弟时的教育智慧。他出了三道试题：（1）车子是在什么地点爆胎的？（2）车子是在哪个修理厂补胎的？（3）补胎花了多少钱？然后让两兄弟分开答题，把两兄弟答案不一致的情况告知两兄弟，然后再进行针对性教育。

诸多案例说明，爱与尊重学生，睿智处理学生违纪事件，是一种教育实践智慧，需要我们在教育教学过程中细心感悟。

总之，师德是教师执教之根，让我们善用敬业、公正、爱与尊重三件法宝，永远走在修炼师德的路上。

名师成长的成功经验

2016 年 12 月 1 日，我有幸参加了安庆市中学学科带头人培训，上午给我们授课的是南京金陵中学已退休的特级教师朱建廉，授课主题是"教学名师的成长路径"；下午给我们授课的是南京师范大学博士生导师李如密，授课内容为"教学风格理论与优秀教师成长"。相近的主题，堪称同课异构。

朱老师来自中学一线，充满睿智和幽默，有丰富的教学案例，传授了自己成为名师过程中，特别是写教学和教科研论文中的一些独特视角和与众不同的思维与思考方式，颇有借鉴价值。朱老师的报告分为五个部分，即知识重组、职能管理、模式解析、风格稳定和境界追求。他指出知识重组一般有三种方式，即更新知识、补充知识和理顺知识。他通过剖析"师范"二字，理性分析教师职业的特性，教学生学的原生态是"模仿学习"，教师就是提供模仿的模本，即"范"。"师"是师范教育的显性目标，"范"是师范教育的隐性目标，并由此改变以前有些狂妄的教学行为，其教学行为趋向合理稳健。他认为，上课就是带领学生做智力游戏。在强调凸显学生主体地位时，他引用了一句谚语"师傅领进门，修行在个人"，并通过案例展示他的教学就是让学生喜欢物理，喜欢让他来上物理课。他的物理课总是不断地问，经常让学生使用两个语气词"啊""哦"！

他总结自己的物理教学是"三心"教育，即呵护学生的好奇心，激发学生的好胜心，以及培养学生的责任心。在教学方面，他从食堂师傅发海参的生活实例，把实践中知识概括为学术形态的知识，类似于从鲜海参到海参干的加工过程。老师把知识传授给学生，就像食堂师傅用海参做海参食品的过程，是一门技术活。他在《哑铃理论——我的课程顶级设计理念》中，很形象地把"教"与"学"比作哑铃两端的球，把教材比作哑铃中间的起连接作用的圆柱体。

朱老师认为，教师是自己教学技能的管理者，可以从"多方习得""反复训练"和"功能指认"等三种途径获得。他认为教师成熟的标志是职业行为形成合理而流畅的套路或模式。他特别强调激发学生思维的重要性。他的教学不是把学生"教会"而是把学生"问懂"。他在文章《教师不是传声筒》中呼吁教师要有自己的东西，呈现的知识虽无法改变，但呈现的方式是可以改变的，教师作为行为者，这就是教师的创新空间。

李如密教授来自师范高校，理论水平深厚，思维严密，报告颇有学术水准，研究古今中外名师教学风格的类型和形成过程，给教师成长提供了理论和方法上的深度思考。李教授以"优秀教师应该走什么样的路"开启讲座，连续用四个追问：是复制榜样还是自主创新？是遵循共性还是彰显个性？是塑形打造还是帮助生长？是向外努力还是向内修养？他结合案例，阐明教学风格的本质是教学艺术个性化的稳定状态的标志，核心是教学艺术个性化，是内外统一、形神兼备的整体。教学风格具有独特性、多样性、稳定性和发展性的特点。李老师把古今教师的教学风格分为理智型、情感型、表演型、导演型、庄雅型、谐趣型、严谨型、潇洒型、雄健型、秀婉型、韵味型、明畅型、中间型和浑融型14种，并一一列举代表人物。他列举了教学风格形成的四个阶段，即模仿阶段、独立阶段、创造性

阶段和有风格阶段。

李老师认为教师的教学风格是可以创造的，大致有优势培育法、弱势逆转法、选择突破法、综合建构法、实践升华法和理论渗透法等。他结合自身练习普通话，提升英语短板的成长案例，给我们的启示很大。许多教师要想成为名师，总有一些限制因素或短板，只要下定决心，延长短板，就能提升综合素质，成为名师。

朱建廉老师引导我们要向毛泽东同志学习，坚持实事求是。名师成长因人而异，决不能迷信任何专家和名师指定的路线。李如密教授告诫我们，穿合适的鞋，走更远的路，做最好的不可替代的自己。

两位授课教师的告诫，让我想起了一本介绍乔布斯成功的书——《不走寻常路：乔布斯成功24法则》，名师成长亦是如此，不走寻常路。

传"养正文化"，育"领军人才"

2016年11月24日，我随安庆高中教育考察团一行60人参观了浙江名校杭州第四中学和杭州学军中学。杭州第四中学旨在"养正尚德、立人求真"，杭州学军中学志在"培养有德有才有识的领军人物"。

杭州第四中学前身为"养正书塾"，创办于1899年，是浙江省最早的现代公立中学。该校校长张伟韬列举知名校友马叙伦、徐志摩、郁达夫、陈叔通、华君武、丁舜年等，如数家珍。据张校长介绍，学校立足四中历史，开展特色创建，传承"养正文化"，把培育学生正道正气放在首位。该校面对高考新政，顺应改革，积极应对，立足培育高端人才，引领优秀学生全面发展。该校开展了丰富多彩的活动，如开辟鱼塘、种植多种作物（如学生通过无土栽培技术种植番薯），供师生实践体验；组建合唱团，多次出国演出；组建篮球队，多次代表浙江省参赛，成绩斐然。该校扎根四中历史，升级四中优势，渗透学科精神，关注生命品质，开设多种多样的选修课程，以期达到实现学生利益最大化的育人目标。

杭州学军中学校长陈萍的报告同样精彩，该校开展"家文化"系列活动，引导学生学家谱、传家风，颇具特色。该校旨在培育金字塔上的顶端人才，立足培育学生吃苦精神，学会换位思考，具有国际视野。陈校长认为，学校要顺应高考改革，要把原来的齐步走变为学生个性跑。她提出"教育重在改变人的灵魂和价值取向"，眼光独特而深邃。

两所学校，均是浙江省一流重点高中，他们的办学理念和顺应高考新政的做法，值得我们学习和借鉴。

安徽省郎溪中学十年崛起的成功经验

2023年3月至8月，岳西县委组织部和岳西县教育局选派我到郎溪中学挂职锻炼。我深入年级组、学科组、各处室、教师群体，总结了郎溪中学十年崛起的成功经验，简述如下。

一是寻求政府支持，明确发展目标。学校党委书记雷宗靓上任伊始，积极寻求郎溪县委、县政府和教育体育局在政策、人权、财力和人力等方面的大力支持。学校制定了"培育名师、创建名校、成为名片、助推名县"发展目标。2011年，县委和县政府允许郎溪中学招收直升部，即以中考成绩作为录取依据，学校单独组织直升部录取考试，选拔理科方面的优质生源，组建鲲鹏班。

郎溪县每年以人才引进的方式，允许郎溪中学引进部分紧缺学科教师，破解教师结构性缺编难题。郎溪中学年轻教师占比较高，全校教师平均年龄为44.2岁（截至2023年5月）。郎溪中学书记是1965年出生的，校长是1973年出生的，两位副校长均为80后，年龄结构有梯度。学校拥有二级机构聘用自主权，基本形成了从优秀班主任、优秀备课组组长中遴选教育干部的用人导向机制。

郎溪县委和县政府对郎溪中学教育教学质量实施奖励，先是给予一定的高额奖金，后是给予政策支持，允许郎溪中学自筹奖励资金。

学校充分利用其创办于抗日烽烟的历史阶段，提炼出了"救亡

图存、不屈不挠、启迪民智、造福桑梓"的办学初心；提出"五育"并举、"五心"（忠心、孝心、爱心、善心、专心）同铸的育人方略；明确了"爱与责任"办学愿景，明晰了教师、学生和学校三条发展路径。

二是厉行实干兴校，弘扬郎中精神。学校提炼了"爱校尽责、崇干尚教、精诚团结、追求卓越"的郎中精神，明确了"新、廉、勤、实"的工作作风。以校党委书记雷宗靓为首的郎中人特别能吃苦，特别讲表率，每天的清晨值日、上午的跑操、课间的巡查、夜晚的值岗等，均是兢兢业业、一丝不苟。学校提炼了"特别有追求，特别守纪律，特别能吃苦，特别讲规范，特别求效率"的高三精神，既是对全校学子的勉励，也是对全体郎溪中学教育工作者的要求。

三是注重养正教育，润德修身励志。郎溪中学从培养学生良好的道德品质、学习习惯、生活习惯及思维品质入手，狠抓学生的养正教育。学校严格管理手机，制定了手机管理的相关规定。学校还制定了关于学生着装的要求，明确了哪些属于奇装异服，不允许穿戴，一经发现，该怎么处罚，都写得清清楚楚。《郎溪中学学生日常行为规范》从精神风貌、上学、到班、早读、跑操、升旗、眼保健操、上课、听课、作业、考试、考后、自习13个方面，均以三字经的行文方式各做了15个字的具体规定。学校还通过开展系列活动，如学生业余党校的开班开课、学生主持的道德讲堂、青年志愿者活动等，引导学生润德修身、励志成才。

四是实施分层教学，"鸿鹄"追赶"鲲鹏"。郎溪中学实施分层教学已有12年了，直升部所有班级均命名为鲲鹏班，共计15个；普通班命名为鸿鹄班，共计37个。直升部的组建，几经周折，克服了重重困难，办学成效异常显著。近5年来，每年985高校、211高校的录取人数分别稳定在60～70人和170～200人。鸿鹄班虽为普通班，但抓得很紧，一本率也很高，也有少数学生能冲击985、211高校。以"鲲鹏"领跑、"鸿鹄"追赶的分层教学模式，大大提升了学校教育教学质量。郎溪中学多项指标参数跃居宣城市前三，已经成为皖南名校中的领军校。

五是营造浓郁氛围，文体活动丰富多彩。校园高考氛围浓郁，精美的高考倒计时牌，高考励志对联、励志标语随处可见。高三的教室有励志标语、有高考目标、有光荣榜和挑战书。

学校文体活动很多，有的活动颇有创意，别具风格。印象深刻的是两种常态化开展的跑操和唱班歌活动。其他以年级为单位举行的活动也很多，如高三年级自三月份以来的活动就有4项：80天高考誓师大会，5月20日发放来自校长的一封信，5月28日高三状元宴和7月9日高三毕业典礼。

六是搭建交流平台，注重分析考情。郎溪中学先后加入江南十校、皖南八校和鼎尖教育等省内大型教育联考平台。每次段考或大型联考，郎溪中学都非常重视大数据分析，明晰自身的优势与不足。直升部每个班级还开展针对种子选手各科成绩分析的考情分析会。

当然，郎溪中学也有需要改进的地方，如校本教研氛围不浓，教师培养力度不够，传统处室职能弱化。如何进一步巩固皖南名校现有成果、激发内生动力、开展磨尖培优、培育高考新的增长点等，均需再思考、再谋划、再发力。

南京教育印象

——教师是学校的生命线

2016年11月29日，安庆市中学学科带头人在南京培训活动的安排是参观南京市弘光中学和栖霞中学。前者是初中，属于小区配套建设的一所创办时间不到6年的学校；后者是秉承乡村教育创始人黄质夫先生教育思想的百年老校，于2014年迁址重建。两所学校校园都优美精致，其独特的办学特色给我们留下了深刻的印象，但我感受最深的还是南京教育的做法，把教师视为学校的生命线。

弘光中学的做法是扎扎实实开展集体备课，通过实实在在的校本教研，促进青年教师的培养，使骨干教师的引领和示范效应最大化。该校分管教学的李校长，和盘托出了学校这几年质量稳步提升的方法：通过多种途径促进青年教师茁壮成长。该校不搞形式主义，狠抓教学质量，倡导教科组合理分工；教师分单元开展电子备课，切实减轻教师负担，提升教师开展集体备课的积极性和主动性。

栖霞中学建立了一套科学的名师梯度培养机制，对不同年龄段的教师，开展不同形式的培养计划：对入职不到三年的教师开展优秀青年教师评选，对骨干教师开展学科带头人和教坛新星的评选，对年富力强的校长开展名校长培训工程。教师在具备相应条件基础上，通过三个环节进行评选，首先是笔试，占150分，原来的考试内容是高考真题，后来改为高考模拟题，外加教育心理学和课标内容；其次是上课，占150分，原来是说课，现在改为45分钟的有生课；最后进行教科研成果的评分，占100分。对评选顺利通过的教师，颁发证书，定期进行考核，考核不合格（80分）的自动淘汰。可以说，要求非常高，当然奖励也非常丰厚。对于省级名师，奖励教科研基金是3000元/月，约占工资收入的50%。对于成功申报省级名师工作室成员，每年工作经费最高可达20万元。

两所学校的分管领导都谈到学校教育质量的高低，不唯楼高，不唯硬件，主要在教师素质。高素质的教师是学校发展的最关键的因素。学校领导把教师放在第一位，教师自然爱岗敬业；把学生放在第一位，教师尊重学生，学生自然"亲其师信其道"，自然会认真学习。

全市统筹，分校实施，理性选科

——南通考察学习心得

　　"全国教育看江苏，江苏教育看南通。"这是对南通教育的赞誉。2021年12月31日，我接到安庆市新高考学生发展指导组组长江龙林同志"南通考察人员登记"的微信通知，很是兴奋，满怀期待。南通考察学习，共四天行程，实地参观了两所学校，聆听了三场专家报告，行程满满，收获多多，现就学生发展及选科领域谈一谈学习心得、思考和建议。

一、南通市学生发展与选科的三点经验

　　一是全市统筹，分类指导。在南通学习过程中，几位专家的报告均印证了南通市在高考选科方面"全市统筹，分类指导"的成功做法，即全市物理类/历史类选科比例保持在7：3，并针对一类、二类、三类生源学校提出了8：2、7：3、6：4的选科指导意见，对化学选科提出了占比为64%、49%和36%的指导意见。

　　二是分层教学，有序推进。从如东中学校长王继兵和通州中学校长季仲平的报告中可以看出，两所学校都有提前招收创新班（或实验班）的做法，且都非常重视通过九科竞赛活动来提升高校强基计划竞争力。另外，南通市许多学校高度重视小语种开设，说明即便是名校也非常重视分层教学，积极寻找高考新的增长点。在与两

校中层管理人员的交谈中了解到，尽管他们没有制定选科方案，但他们显然已经是成竹在胸、经验老到，能够按照预定的目标有序推进选科活动。

三是固定组合，以考促选。南通市的选科基本采取固定组合，不走班或少走班，学校尽量减少选科组合数，物理类一般开设3~4个组合，历史类一般只开设一个组合，即传统高考的史、地、政组合。学校把指导学生理性选科的主要工作，交给了班主任。选科很大程度上采取"以考促选"的方法，即通过全市多次大联考，基于数万人的大数据，化学、生物、政治和地理均采取新高考等级赋分的方法将学生的原始分折算成等级分，让学生和家长自己比较在不同组合中的总体排名，及时调整自己的选科意愿。

二、对我市学生发展与选科的三点建议

一要以数为据，准确定位。建议新高考专家组及时搜集安庆市近三年来应届生理工类和文史类高考报考人数及录取比例，用数据说话，准确定位安庆市高考成绩在全省的位次，为确定我市新高考物理类和历史类选科人数的合理比例提供决策依据。

二要分校施策，分类指导。建议各校依据市教育体育局的指导意见，基于本校生源质量（可分段统计），合理预设本校各段生源的物理类与历史类选科比例。建议各校加大对班主任生涯教育和选科指导能力的培训，由班主任对学生开展有针对性的生涯教育和选科指导。

三要固定组合，有序推进。建议各校结合学校生源状况和师资力量，理性确定选科组合。安庆市教育体育局副局长陈党生在南通考察总结交流会上提出的"橄榄"型选科组合的意见，非常切合安庆市普高的实际，即一类生源和四类生源质量的学校选科组合不宜

多；二类和三类生源质量的学校，选科组合可以适度多一些，但也不宜超过5~6个。建议市内某些生源质量差距较大的普高，可以分段划分本校的生源，分段考虑选科组合数的设置，而部分第一类生源的省级示范高中理科一律采取物理和化学捆绑的做法值得商榷。第二类、第三类生源的普高适度增加历史类的选科组合，有利于吸引学生选择历史方向。

选科是热门话题，也是敏感话题，各校可以不制定选科走班方案，但应该有明确的选科时间表和路线图，如初选、二选、终选的时间节点，选科之前的生涯教育、量表测评、家长和学生层面的宣传等都要做到有计划、有步骤地稳步推进。

教育部《普通高中学校办学质量评价指南》于2021年12月31日正式发布，该文件精神为安庆市普高的选科工作提供了很好的指导意见。

挑战在线，机遇在线，幸福在线

2014年3月18—19日，岳西县教育局纪检组组长方戟同志带领相关人员赴繁昌、南陵两县参加了由省教育厅举办的"安徽省在线课堂第一批实验县经验交流研讨会"。

通过本次研讨会，我们基本了解到"在线课堂"的建设概况如设备系统、网络要求、建设和使用流程、管理与教师培训等；也基本熟悉了在线课堂的教学模式：通过网络同步传送，主讲教师在主讲教室以无生或有生授课方式带动一到两个教学点的学生同步上课；同时也深切感受到了以"三通两平台"建设为主要任务的教育信息化的滚滚浪潮正向我们奔袭而来。2014年，我县"在线课堂"建设全面启动，共有50个主讲课堂将带动129个教学点，任务艰巨，机遇与挑战并存。这一浩大工程的建设，在一定程度上将能缓解我县乡村教学点教师资源严重不足的矛盾，促进乡村教育均衡发展，让乡村教学点的学生享受到优质的教育资源，沐浴到党和政府温暖的阳光。因此，可以说：在线课堂，挑战在线、机遇在线、幸福在线。

一、何为挑战在线

一是技术挑战。繁昌、南陵两县的实践经验之一：网络环境顺畅是在线课堂实施的必要条件。网络畅通首先需要建设城域网，而

城域网建设需配置百兆以上光纤，这需要投入大量的资金用于网络建设与维护。南陵部分学校在实验初期使用6兆或10兆带宽上网，或以2~4兆带宽拨号方式上网，传输性能较差，数据丢失现象严重，阴雨天以及宽带接入距离远近都会影响信号传输。实验初期经常会出现图像卡断、视频延时、声音滞后、动作不连贯等现象。实验中后期，繁昌改为200兆光纤（预留千兆带宽的升级能力），南陵改为100兆以上光纤，与互联网并用，两县在线课堂的音频、视频传输效果基本能满足需求，故障率在5%左右。

二是制度挑战。在线课堂给传统的教育理念、教学模式和教育管理都带来了冲击和挑战。省、县、实验区学校和教学点都要出台一系列与之配套的制度，如繁昌县教育局制定了《繁昌县在线课堂实验常态化教学规程》，南陵县教育局制定了《南陵县在线课堂主讲教师职责》《南陵县接收课堂辅导教师工作职责》《学校在线课堂教学年度考评制度》等。各中心小学和教学点制定了主讲教师、辅助教师及技术维护人员工作量和绩效考核方案。两县的主讲教师所在小学对主讲教师的"在线课堂教学课时按本学科1.5倍"计算，其工作报酬由教育局支付，不挤占学校教师群体的绩效工资。

三是师资挑战。在线课堂对主讲教师的综合素质，特别是教育信息化技能要求很高，像语速快慢、声调高低、走动范围、组织教学、课件使用、设备操作等，都要求主讲教师细心研究，反复尝试，娴熟掌握，运用自如。繁昌、南陵两县通过实验，普遍采用无生上课的在线课堂教学模式，即主讲教室没有学生，教师面对的是屏幕上的学生。如何实现跟画面中的学生情感交流，是一个很大的挑战。为了弥补在线课堂的这种缺憾，繁昌、南陵均要求主讲教师每学期要深入教学点与学生互动交流不得少于3次。我们在南陵籍山新建教学点听一节美术课时，籍山中心小学的主讲教师章礼芳通过电子屏能喊出新建小学举手学生的名字，让她（或他）站起来回答问题；繁昌实验小学主讲教师金玲在汇报材料中写道：通过在线课堂教学和走教，我认识了张雨露、刘雨欣、徐洋等一帮可爱的农村学生。说明走教方式辅助在线课堂，在一定程度上能弥补师生不能现场交流互动的缺憾，能够让教学点的孩子亲其师而信其道。

辅导教师在维持课堂秩序和协助主讲教师完成课堂教学任务等方面的作用十分重要。选择和培训有责任心的、心胸开阔的辅助老师，也是在线课堂成功的前提条件之一。因为在线课堂让教学点学生享受主讲教师的优质教学资源，在一定意义上讲，弱化了乡村教学点教师的地位和作用，这需要教学点教师有一种甘为人梯的奉献精神。

二、何为机遇在线

一是学校发展。在线课堂建设无论是对主讲教师所在学校还是教学点，都是一种发展机遇。教学点显性的变化是学校整体环境优化了，学校信息化水平大幅提升了，家长满意度提高了。繁昌县某教学点负责人反馈：在线课堂实施以来，学校办学行为更加规范，音乐和美术课程能开齐、开足、开好。在线课堂建设让学校一步迈入教育信息化的前沿。对在线课堂主讲教师所在学校和教学点而言，隐形的变化是：教师教学方式、教研模式、学校管理评价机制都要创新和与时俱进，这将较大地促进学校软实力的增强。以南陵县籍山中心小学与对应的新建教学点为例，其电子备课、网络教研已成常态。

二是教师发展。在线课堂，技术是保障，筛选和培训优秀的主讲教师是关键。繁昌县实验小学的金玲老师认为，通过在线课堂教学，自己和教学点的教师的专业知识得到了提升，心灵也得到了滋

润。在实施在线课堂工程中，从发展视角分析，主讲教师获得的培训机会也多，其信息技术能力会大大提升；通过省市教科所领导及专业人士悉心指导，其专业技能、课堂教学的艺术都能得到大大提升。通过与教学点教师课前沟通和网络交流，定期"走教"也能促进主讲教师的品德发展和人格升华，特别是实验区主讲教师和第一批试点县的主讲教师，通过培训和在线课堂的锤炼，其成长期大大缩短，已成为网络教研和信息化教学的领跑者和示范者。正如金玲老师坦言：在线课堂成就了她，让她成了全省知名教师。

三是学生发展。从繁昌、南陵两县实践经验来看，教学点的学生变化很大，令人欣慰。一是学生的音乐、美术素养提高了，从对音乐美术的一无所知到深深喜爱艺术教育，学会了歌唱许多歌曲、欣赏美术、绘制简单的艺术作品。二是学会了乐群，学会了合作。通过用自制乐器为同伴伴奏，以音乐和美术同小伙伴们交流、乐群、合作。三是开阔了视野，陶冶了情操。音乐、美术是一种寓教于乐的艺术课程，对学生的兴趣培养、特长发展、性格塑造等都会产生极其深远的影响。

三、对于我县在线课堂建设的思考

一是主讲教师从何而来？我县在线课堂建设，计划装备50个主讲教室和129个接收教室。任务艰巨，如50个主讲教室，需要众多的主讲教师，特别是音乐、美术学科的主讲教师，从何而来？短时间内，完全依赖教育局招聘专业教师恐怕难以满足需求。各中心学校可立足本学区，将有这方面爱好和特长的教师通过培训，培养成合格的音乐、美术主讲教师，是比较切合实际的做法。

谈到这个问题，让我想起前一段时间，部分学校反映小学缺乏专业科学教师而导致小学科学实验难以开展的问题。我不由想起：

20多年前许多师范生，在师范接受的是"通才教育"，并不具有很深的专业知识和素养，但他们中的很多人在初中什么学科都能教，教学成果很突出，甚至有在高中教数学、教英语、教物理的，教学成绩也非常突出。他们成功的秘诀是：边教边学。他们通过边教边学，成就了自己，也成就了学生。

我认为破解当前缺乏主讲教师以及小学科学教师的难题，都可以借鉴这一批优秀者成长成才之经验，鼓励一批年轻教师敢于担当，通过自学和培训，成为"通才"型、一专多能式教师，勇敢地迎接机遇和挑战，成为在线课堂的主讲教师。

二要尝试有生课堂教学模式。繁昌、南陵经验认为，无生课堂是在线课堂的有效模式。据我们了解，繁昌、南陵的主讲课堂所在学校规模都比较大，班额一般都超过50人，有的甚至超过70人；教学点的规模也比较大，一个班级也有10多人，甚至20多人的，像这样实行有生课堂教学模式，主讲教师精力有限，肯定忙不过来，所以他们通过实践摸索，选择无生课堂教学模式。鉴于我县一些小学一个年级不到20人，教学点一个年级3~5个孩子，尝试有生课堂教学模式可能更有效。

三要将在线课堂资源运用到小学语文、数学等学科教学中。繁昌县和南陵县属于丘陵地带，交通便利，教育信息化和均衡化程度均较高于安庆地区。他们通过在线课堂建设，主要是着力解决乡村教学点音乐和美术缺师少教难题，即为了进一步促进义务教育优质均衡发展。因此，繁昌县和南陵县的在线课堂主要是针对小学英语、音乐、美术、写字等学科，很少运用于语文、数学学科。相比之下，我县教育信息化和均衡化程度尚处于初级阶段，许多乡村教学点缺师少教的重点学科还是小学语文、数学。鉴于我县许多教学点教师老龄化，整个学区未必能在近几年内通过培训和招聘配齐专业的英

119

语、音乐、美术教师的现实，将在线课堂运用于小学语文、数学学科，也是一种因地制宜的做法。

各中心学校亦可以充分利用在线课堂资源，开展网络教研。教学点的教师在接收教室就可以观摩到在主讲教室进行的相应学科的教研活动。

总之，建设在线课堂对提高教育信息化水平，促进岳西教育均衡发展，意义重大。

乡村初中不寻常的发展之路

2013年4月28～29日，我与岳西县12所初中的20名教师一起赴望江县，参加了杨林初级中学"构建有效课堂教学模式研究"现场观摩活动。回来后，我一直在思考：一所面临撤并且学生数不足300人的偏僻乡村初中，何以置之死地而后生，迅速走上科研兴校的发展之路？

一、杨林初级中学"有效课堂"教学模式简介

一是实施科研兴校，创建乡村特色学校。2010年7月，杨林初级中学通过申请立项，成为望江县"构建有效课堂教学模式研究"首批试点学校。杨林初级中学通过外出参观学习，并结合本校实际情况，决定实施"科研兴校"战略，全面进行教育教学改革。

杨林初级中学自实施"科研兴校"战略以来，制定了《实施细则》《考核方案》《集体备课制度》《奖惩试行方案》等一系列制度，确立了从校长、教务主任到教研组组长分层负责制，切实保障了改革的顺利实施。学校管理很有创意和特色。学校激发教师修炼行为，内化素质，秉承"以生为本，先学后教"的教育理念，有效备课，精心编写导学案，有效组织学生自主学习，教师教学很有创新和特色。教师着力培养学生独立自主学习的能力，实现"兵教兵"，倡导

第三辑 学习心得

121

合作学习，自主管理，学习和班级管理很有成效和特色。该校让学校的每一面墙壁都成为学生学习和自我展示的舞台，校园文化和班级文化很有亮点和特色。该校开展丰富多彩的文体活动，还开展多种多样的激励性评选，如"背诵光荣榜""校园之星""班级之星"，渗透了素质教育的理念，注重学生的全面发展和特长发展。

"山不在高，有仙则名；水不在深，有龙则灵。"市教研室主任孙彦坦言：杨林初级中学之所以能吸引大家来参观学习，是因为有特色。

二是实施教研兴教，建构有效教学模式。杨林初级中学通过几年努力，着力引导教师结合学校实际情况创立了有效课堂教学的"121"模式。第一个"1"即预习指导；"2"指两个展示：小展示即小组内展示，大展示即课堂展示；第二个"1"即达标测评。教师进行有效备课、编写和运用导学案进行教学、改革和完善学生评价机制，鼓励学生走向讲台，当小老师，实现"兵教兵"，让学生成为课堂的主人，而教师则隐身于台下，隐身于学生和听课教师之中。只有当点拨和评价时，教师才走向前台，听课教师往往到这个时候，才知道这就是教师。学校严格要求教师每节课只讲10分钟左右，教师基本做到了。

表面上看，教师在课堂上很轻松，其实教师在课外下的功夫是非常大的。尤其是初一新生入学阶段，班主任训练学生的行为，培养学生的自主学习意识和能力，就是让学生不再沉默，敢于上台展示，敢于面对众多来参观的教师而学习不受干扰。

三是开展合作探究，凸显学生主体地位。杨林初级中学课堂最大的亮点就是让学生在课堂上活起来了，让学生导学、合作学习、展示与点评相结合，充分凸显了学生的主体地位。这种合作学习和自主构建的学习方式，不仅促进了学生主动构建知识，而且能促进学生自信力、语言表达、合作意识和果敢精神的培养，特别是后者对学生未来的成长也许更有教育价值。与传统课堂相比，学生敢于发言，敢于展示自我，陈述自己的观点，这是非常可喜的变化。

令我感受最深的有两个情境。一是在902班听课时，我顺势问一些同学，我们这么多听课教师在教室里走来走去，甚至一直盯着她们的言行举止，是否会影响她们上课？她们说早已习惯了。另一个情景是，我课间到802班教室发现有一个小组的组名为"笑傲江湖"，打趣地问："谁是令狐冲？"这个小组的几位同学都笑着指向其中的一位男孩，而这位男孩很淡定地笑了笑。

我有意查看了杨林初级中学的作息制度：5：50起床，6：00-6：20早操，6：20-7：05早读，7：50-8：10英语听力，上午4节课（8：20-12：00）；下午3节课（14：00-16：35），16：35-17：20课外活动，6：00-9：40晚自修，9：50熄灯，另外初三学生还要追加一节晚自修。学生很辛苦，学习并不轻松，但他们上课时精神饱满，充满朝气。

四是开展自主管理，彰显班级特色文化。杨林初级中学基本实现了对学生的精细管理和量化考核。对每个小组以及每个小组成员每天、每周、每月及每学期采取的都是量化考核。有关表格记录得很细致，小到某节课上学生参与小组学习的表现得分都记录得清清楚楚。小组成员之间的得分差距也很大。我看到701班某些小组张贴在小组公示栏内的组员得分，有高达28分的，也有低至8分的。从这些班级的管理制度和量化考核的各种记录来看，管理的主体应该是学生。

杨林初级中学的班级文化很有特色。以701班为例，班名：神鹰班，班级共分为神鹰1～6组，班级横梁上和教室前后黑板上方贴满了励志性对联，现辑录如下：①自强不息，厚德载物；②自主探

第
三
辑

学
习
心
得

究，合作创新；③三年寒窗，虽有道道险关我当努力，千日砺剑，一朝出鞘谁与争锋；④泛舟学海，独占鳌头看我一班英雄，驰骋疆场，问鼎逐鹿敢问何人大丈夫；⑤有志者事竟成，破釜沉舟，百二雄关终属楚，苦心人天不负，卧薪尝胆，三千越甲可吞吴；⑥效苏秦之刺股，折桂还需苦战，学陶侃之惜时，付出必有回报。每个小组都有一个板报栏，都是学生的作品，有书法、有绘画、有学习心得、有段考总结，其中某些学生摘录的或自写的励志语也很独特，我也辑录如下：①无论你是狮子还是羚羊，你都必须奔跑；无论你是优等生还是一般生，你都必须奋斗；②别轻视自己，因为这个世界只有一个你。

802班的分组和组名很有特色，笑傲江湖组的口号是"学习似江湖，秀出自己的江湖"；所向无敌组的口号是"笑迎新知，志迎未来"；学无止境组的口号是"书山有路趣为径"；励精图治组的口号是"百尺竿头，更进一步"。每组学生都会在教室里创办板报。学生自己设计和创办板报也是一种能力培养。

富有创意和特色的班级文化，让学生的创造力和个性发展得到充分发挥，真正体现了"我的地盘我做主"。

二、杨林初级中学为何走不寻常特色发展之路？

一是一所偏僻乡村初中在逆境中寻求了生存与发展的机遇。杨林初级中学是一所距城关30多公里，不在公路主干线上，颇为偏僻的乡村初中，前几年濒临撤并，这和山东的杜郎口中学当年的情形类似。也许是这种逆境激发了一个决意扎根杨林教育的教育团队的潜能。为寻求生存与发展机遇，杨林初级中学组织教师专程赴山东杜郎口中学取经，学习回来后顶住多方压力，大刀阔斧地实施教育教学改革，使逆境中的杨林初级中学走上了改革与发展之路。这恰好印证了孟子"生于忧患"的至理名言。

二是校长打造了一支锐意进取的教师队伍。俗话说，一位好的校长就是一所好的学校。杨林初级中学能走到今天，确实不容易，这与刘华校长具有前瞻意识和锐意改革的开拓精神是密不可分的。刘华校长给我的印象是朴实无华，其汇报材料也很实在。人到中年往往容易出现职业倦怠心理，但在杨林初级中学，你看到的是人到中年的二次起跳。他们有勇气革自己的命，否定自身执教数十年的传统课堂，推行以学生为主体的、全新的教育教学模式，其中的纠结和阵痛是不言而喻的。另外整个学校的管理制度和评价机制都是另起炉灶，彻底摒弃了传统的管理模式和评价机制，这需要胆识和勇气。我由衷地钦佩和赞叹，向杨林初级中学全体教育同仁致敬！

三是锐意改革的望江县教育局引领一批学校走内涵发展之路。望江县共有17所中小学申报了"构建有效课堂教学模式研究"试点学校。这项改革是由望江县教育局强力推行，由教研室牵头和具体实施的课改工程。教育局多次组织试点中学的领导和教师赴霍山文峰中学、山东杜郎口中学参观学习，学习这些学校富有特色的办学模式和课改的经验。县教研室多次组织教研员深入各试点学校蹲点，通过听课、评课，指导一线教师如何落实和贯彻"有效课堂"的各项改革举措。教育局还设立专项奖励基金，一等奖的奖金高达6万元。教研室还定期在试点学校召开"构建有效课堂教学模式研究"现场会，组织各县中小学教师观摩学习，促进试点学校义无反顾、加压奋进，走科研兴校之路。

三、杨林初级中学教育教学改革带给我们的困惑与思考

一是教师主导地位是否弱化？从4月29日上午连续听了三节课来看，我的最大担忧是教师的主导地位是否弱化？许多知识点全凭

学生自主学习、导学，是否能讲得透？一节课分为6个学习板块，每个小组抽签负责某个板块的自学与导学，如果自身都没有学透，又如何指导和讲解让其他组同学理解透彻？课堂的深度、广度以及趣味性如何保证？

二是如何提供持续改革与发展的动力？一项改革要想持续深入开展，需要一系列配套机制来支撑，如学生评价机制、教师激励机制、资金保障机制等。好的机制是改革和发展的动力系统，像江苏、浙江、山东、河南、湖北、江西以及本省的马鞍山、六安、铜陵等地都先后涌现出了一批很有特色的学校，其宽松的教育发展环境和创新的教育管理体制是关键！

三是如何建立从小学到高中的一系列改革试点学校？学习方式的改革对学生的综合素质的提升和长远发展具有促进作用是不容置疑的。但小学尝试这项改革，升入初中之后能否继续保持？初中实行这项改革，升入高中能否保持？如果建立从小学到高中的一体化的改革试点学校，一以贯之，那才能卓有成效地、持续深入地进行教育教学改革，才能巩固教育改革的成果。

总之，杨林初级中学像一列蒸汽动力火车，我们期待它能坚定信念，顶住压力，一路奋进，最终会成为一列"磁悬浮列车"。祝福杨林，越走越好！期待安庆，会涌现出更多的杨林初级中学！

奋进之路修且远，上下求索莫畏难

百年大计，教育为本，乡村教育发展，教师最为关键。教育部和省教育厅在乡村学校设立一批中小学首席教师岗位，遴选政治素质过硬、业务素质精湛、育人水平高超、组织协调能力强的优秀教师，支持他们大胆探索，创新教育理念、教育模式和教育方法，形成教学特色和办学风格，鼓励他们成长为当地的基础教育领军人才。同时，充分发挥他们的示范引领作用，带动当地乡村教师提升教育教学水平，提高乡村教育质量。这项教育改革举措将开启乡村教师队伍建设的坚实步伐，推动乡村教育朝着优质均衡发展的目标迈进。

一、开展乡村首席教师评选的意义

一是激发了乡村教师队伍建设的活力。近几年来，教育部打出了一系列组合拳，打破了小学乃至幼儿园教师职称评定的瓶颈，通过学科带头人和首席教师的评选，在一定程度上激发了优秀教师自我加压奋进的动力，部分乡村教师职业倦怠的心理得以缓解或消除。年轻的乡村教师有了明确的奋进方向与发展目标，可以沿着骨干教师、学科带头人、首席教师、特级教师的梯度递进的路径努力奔跑。

二是提升了乡村优秀教师的生命境界。中共中央、国务院出台了加强教师队伍建设的系列文件，各地也纷纷出台了名师梯度培养

计划。毫无疑问，乡村首席教师评选，属于名师梯度培养范畴。坚持此项改革举措，一以贯之，久久为功，通过定期组织首席教师培训，加强首席教师年度考核，促进首席教师加压奋进，必然会拓宽乡村首席教师的视野，并通过首席教师的示范和引领作用，拓展广大乡村教师的生命宽度，提升他们的生命境界，从而优化乡村教师的心理，使其勤学、乐教、善研，坚守乡村教育岗位。

三是推动了乡村学校科研兴校的进程。首席教师这一岗位的设置，让一批有一定教科研能力的乡村中小学教师脱颖而出，赋予他们示范和引领的领跑者职责，鼓励他们跨校组建首席教师工作室，通过师徒结对、网络构建等多种方式，构建乡村学科教研和学习共同体。羽毛相同的鸟儿一起飞，有教育情怀和教研兴趣的人在一起，讨论的核心话题必然是如何备好课、上好课、教好书、育好人。一群把心放在课堂上，把学生放在心上的教师，是推动乡村学校科研兴校的中坚力量。加之通过鼓励乡村首席教师开展接地气、合校情的课题研究，让新课程理念和核心素养在乡村中小学课堂上落地生根，从而推动乡村教育高质量发展。

二、践行乡村首席教师职责——苦中有乐

2019年8月底，我服从岳西县委组织部和教育局的安排，从县教研室主任岗位调任汤池中学副校长，分管教育教学工作。作为一名在教研室申报的首席教师，重返教育教学一线，完全符合文件精神。在汤池中学的这半年，我一直在思考：在基层，如何践行乡村首席教师的岗位职责，不负青春，不辱使命。每每有人问我，到汤池中学感觉如何？苦不苦，累不累？我常常一笑置之。平心而论，总体感觉是苦中有乐，苦少乐多。乐在何处？乐在学习、乐在反思、乐在分享、乐在引领、乐在育人铸魂。

（一）乐在培训学习

魏书生老师强调，教师一要自强。秉承终身学习的理念，不断自我加压，坚持学习，是师德高尚的具体表现，更应该成为首席教师履行岗位职责的重要内容之一。时隔六年多，我重返高中生物学课堂，感觉需要学习的东西太多了。新高考改革，新课程的核心理念，当下学生的所思所想，学校发展中的问题与困难等，这需要我们教育工作者永远保持一颗年轻的心，不断学习，不断破解难题，不断知难而进。

2019年8月下旬，我作为安庆市名师大讲堂成员赴成都市参加了为期三天的集中学习，聆听了刘大春、徐猛、许泽能、邓磊和钟亮等数位教育专家的报告，明晰了培训者的角色与技能，洞悉了成都市优化培训引领教师专业成长的具体做法，进一步增强了追求卓越做名师的勇气和决心。

2019年9月至2020年1月，我作为分管教育教学副校长，深入一线推门听课55节，学科涵盖语文、数学、英语、思想政治、历史、地理、物理、化学、生物学、体育共计10个学科。通过广泛听课，初步了解了汤池中学教师的教学水平与能力，汲取了各科教师的教育智慧和教学睿智。

2020年，我与学生同步观摩网课，先后观摩了潘金元、朱晨兵、曹承和、朱承慧、李平、徐剑锋、奚菲、王军、夏伟、陈健、刘洁等20多位省内优秀生物学教师的网课。这些名师深厚的专业素养、娴熟的教学技能、精准的专业语言、适度的拓展延伸、精当的教学流程，让人感觉到如沐春风。听名师网课是一种享受，做教学名师是一种幸福与光荣。

（二）乐在不断反思

我从教育局机关到汤池中学，坦率地说，基本上做好了思想上的充分准备，下定决心要实现从局外人到汤中人、从裁判员到运动员的角色转变。我通过一学期的深入一线课堂听课，以及担任高二（9）班生物学教学工作的实践来看，显然我的角色转换不彻底、不到位、不成功。两次生物学段考，我班的生物学成绩有所下滑。通过深刻反思，我发现主要原因是高估了学生的自觉性和学习力，存在课堂进度较快，作业检查批改不到位，指导学生学习方法不到位等问题。通过观摩汤池中学许多教师的课堂，我找到了适合汤中生源实际的教学策略，即步子放慢，容量减小，习题多练，作业多改，反复强调，及时跟踪问效。

（三）乐在交流分享

首席教师要有伯乐情怀，要乐于与教师分享自己的心得体会和好的教育教学资源。我在生物学学科组的评课会上，在充分肯定教师授课优点的同时，会真诚地交流自己的看法，指出授课有待改进的方面。比如，部分教师的课确实很实在，教学效果也很好，从走上讲台的第一分钟到下课铃响起的那一时刻，都在分秒必争地讲、实实在在地练，但课堂气氛沉闷，教师和学生均缺乏"诗意"和"远方"。于是我建议他，要有激情启智的导入和整理知识的小结，课堂教学要"留白"，给予学生一定的思维空间。有的教师具有很好的亲和力，但对教材的处理、对生物学知识的深度和广度方面把控略显不足，于是我建议他重拾大学生物学教材，厚重自身的专业知识结构，多向老教师学习，借鉴突破概念和知识难点的技法技能。

在乡村教师群体中，我很愿意分享自己教育写作的经验。在多种场合，我给广大乡村教师做专题讲座，介绍我的写作经历，分享我的写作心得。2019年11月10日，应安庆市师训中心名师大讲堂的活动安排，我赴桐城市向该市的中小学教师作《教育写作与教师专业成长》的专题报告，分享自己教育写作心得，反响良好，因为我的写作心法是基于课堂教学，基于一线实践，可借鉴。

（四）乐在引领示范

首席教师应该是教师平等中的首席，发挥其引领示范作用，是设置首席教师岗位的初心。在汤池中学生物学组，是我履行首席教师职责的实践基地，我主动提出：带头上示范课，带头撰写教育教学论文，带头在安庆市五校联盟生物学新课标实践活动上研读课标，交流渗透生物学核心素养的经验与做法。在我和几位老教师的引领示范作用下，汤中生物学组形成了老中青比、学、赶、帮、超的良好氛围，小组合作意识浓郁，小组教科研能力逐渐增强。

2019年10月23日，汤池中学有三个市级课题同时开题。我在会上与全体课题组成员交流我对课题研究的看法，一是反对假大空，倡导真小实；二是反对虎头蛇尾，倡导鸡头凤尾；三是反对课题是个筐，什么都往里面装。我明确提出要做基于教学实践的小课题、真课题和有研究实效的课题。引领汤中教师务实求真，在教学一线和课堂教学中寻找教科研的生长点，充分发挥教科研为提升教育教学质量服务的作用。

2019年10月29日，安庆市五校联盟历史新课标解读综合实践活动在汤池中学举行。我校优秀青年教师、安庆市高中历史优质课一等奖获得者汪志波老师承担解读新课标的主要任务。在历史教研组磨课会议上，针对汪老师准备的非常系统全面的解读PPT文稿，显然40分钟内讲不完、讲不透。我建议汪老师大胆舍弃解读PPT文稿

中的第一部分，重点解读第二部分，即高中历史课堂中如何落实核心素养的具体举措和做法。因为介绍核心素养的研制背景和过程，不是我们高中历史老师的主要职责，专家早已解读了若干次，与会教师也大致了解。汪老师采纳了我的建议，第二天的解读非常成功，许多案例激起了与会教师的共鸣，得到了与会专家的一致好评。我经常与一线教师交流我的观点，要基于课堂分享教学智慧。我给许多教师的写作建议是：写作之源在课堂。

（五）乐在育人铸魂

经师易得，人师难求。魏书生老师说过，教师一要自强，二要育人，三才是教书。作为首席教师，更应该跳出当前唯分是举的教育误区，要从学生长远发展的视角来思考我们的教育，实施我们的教学主张。我们要认真贯彻中共中央"五育并举"的教育方针，坚决落实立德树人根本任务；在教育教学过程中，要适时开展社会主义核心价值观教育，寻找中学生核心素养培养的切入点和有效路径。

我在高中生物学教学中，一直在探究渗透生物学核心素养的培养路径。通过教学实践，借鉴国内教育同仁的成功做法，我先后撰写了两篇论文，一篇是《基于生命观念培养的高中生物概念教学案例研究》，另一篇是《加强高中生物概念教学　培养学生科学探究素养》发表于《中学生物教学》期刊（2019年12期）。目前，我正在搜集材料，查阅文献，结合自身高中生物学教学实践撰写生物核心素养中的"科学思维""社会责任"落地生根的教学论文。

三、推进乡村首席教师试点的四点建议

一是年龄放宽。试点文件中对首席教师遴选的条件之一是50岁以下，对一部分50岁以上、教育教学成果丰硕的教师有些遗憾。从

延长教师成长期、充分发挥名师引领示范作用的视角来思考，首席教师的评选年龄可以放宽到 55 岁，甚至放宽到 57 岁左右。这既符合终身学习的理念，也高度契合中小学教师的师德要求。

二是职称条件放宽。试点文件中，首席教师的评选条件之一是高级教师职称。乡村教师队伍中的实际情况是，因高级职称岗位的限制，许多优秀教师在教学技能大赛中获奖，在教育科研方面成果丰硕，是安庆市、岳西县学科带头人，是学校教育教学的顶梁柱，但职称是一级教师，而被排斥在遴选之外。但当他们有机会评定高级职称时，年龄又超过了 50 岁，也没有机会申报首席教师。因此，首席教师的申报职称放宽到一级教师职称较为合理。

三是梯度培养。我认为首席教师不仅是一种荣誉，更是一种发展平台，理应是市级学科带头人追求的发展目标之一。现行首席教师评选机制，与市县级学科带头人评选是两种不同的路径。从评选结果来看，许多首席教师没有市县学科带头人的经历，难以起到学科领军人物的示范引领作用。要建立优秀教师梯队成长的良好机制，就必须统筹考虑，完善机制，建立骨干教师、学科带头人、首席教师和特级教师的梯度名师培养机制。

良好的梯度名师培养机制还包括考核机制、组织领导、培训学习等一系列制度的无缝对接。如把省级首席教师作为乡村教师申报正高级职称的条件之一；如适当降低乡村教师评选特级教师和正高级职称的教科研条件，尤其要降低课题申报的级别要求。现行的省级课题主持人、参与教材修订、出版教育专著的要求，对广大乡村教师申报特级和正高职称来说，是可望而不可即的。建议效仿中小学职称评定条件，将乡村教师课题要求降低为市级课题级别，这样让部分乡村教师跳一跳，有机会摘到"桃子"，有助于乡村教师的可持续发展。

　　四是保障有力。兵马未动，粮草先行。乡村首席教师要想发挥示范引领作用，必须有充足的经费支持。建议乡村首席教师的教科研活动经费，参照市级学科带头人教科研活动经费列支。

　　除了经费保障之外，要明确教育局、首席教师所在学校、首席教师本人的责任。教育主管部门已经出台相关保障措施，关键是敦促学校按文件精神落实。学校要列支首席教师教科研专项经费，为首席教师工作室或教科研团队的培训、送教等活动提供保障，搭建坚实平台，进行科学的管理，从而逐步构建以首席教师为学科领军人物的学习共同体。

第四辑

教育随笔

　　常怀明月心，甘当摆渡人；教师须养成撰写教育随笔的好习惯，练就智慧的双眼，丰盈教育思想，彰显教育主张。

在教研中展示教师最美的姿态

教师是立教之本、兴教之源，肩负着让每个孩子健康成长的神圣使命。师德高尚的教师，终身学习，爱国守法，爱岗敬业，关爱学生，教书育人，为人师表，是学生身心健康和谐发展的引路人。打造一支师德高尚、业务精湛、结构合理、充满活力的高素质教师队伍，是学校提升教育质量和培育优秀人才的根本保证。

一、教研是提升师德水平的重要抓手

教研是钻研者之间成果的传播、整合与提升活动。许多教师是钻研者，个人教研成果丰硕。各级各类教研活动搭建了一个坚实的平台，让教师的个人教研成果得以传播、整合、提升。

教研是"通心力"与"和而不同"的活动。教研能凝聚人心，把"和而不同"的教师构建成学习共同体。大家有共同的爱好、共同的话题，共同的价值取向，一起做共同的事业——教书育人。

教研是再生力，能支持他人提升和发展。开展各级各类教研活动既是帮助青年教师提升和发展，更是通过教师的"人梯"作用，帮助学生提升、发展、圆梦。帮助学生圆梦，比实现教师自身发展更有意义。

教研能切实提高教师的职业认同感。通过教研，教师能够从柴

米油盐走向读书学习和专业成长；通过教研，修炼师德、锤炼师能，教师能让自己的教学和生活变得更加丰富多彩。教师勤教善研，能带来教学能力的提升、课堂的轻松高效，能带来学生的愉快学习、适性扬才，能得到家长和社会的广泛赞誉。如此这般，教书既是一种职业，一种谋生手段，更是一份事业，一种幸福追求。

教研能有效改善师生关系。通过教研，教师提高了自信力，提高了教学技能，把爱的阳光洒向每一片绿叶，让每一位学生都有进步。学生的进步与成长，让教师体验到了成功的快乐，收获了学生的童心、爱戴与敬仰。与此同时，学生增强了自信，开阔了眼界，提升了素养，感悟到了来自教师深沉的爱，必然会亲其师，信其道。这样师爱生，生爱师，师生一起成长，一起提升，教学相长，自然其乐融融。

教研能促进学生、教师和学校的共同发展。通过教研，教师能关注学生的个性差异，能关注学生的心理健康，能注重学生良好学习品质和习惯的养成，有效促进学生的发展。通过教研，教师能树立终身学习的理念，能找到既适合自己性格特点又能被学生广泛认可的教学方法和教学风格，有效促进自身的发展。通过教研，形成浓郁的教研氛围，建立教研的长效机制，形成积极进取、健康向上的优良校风，学校得以实现内涵式发展。教师乐教，人人爱教研；学生乐学，个个爱学习，学校必然张弛有度、欣欣向荣。

学校重视师德建设，实实在在抓教研，真真切切办教育，真正让教师静下心来教书，潜下心来育人，师德水平自然就提高了，科研兴教、科研兴校的愿景就为期不远了。

二、在教研中展示教师最美的生命姿态

翻阅台历，今日白露。草木葱茏，霜迹未至，真的感觉不到

"蒹葭苍苍，白露为霜"之秋意。岁月匆匆，开学繁忙，教师节至，幡然记起与岳西县响肠中心学校王启权校长之约——为《响肠教苑》第二期写一篇序文。

万山从哪里发脉，我写什么内容？身在教研室，还是从《响肠教苑》创刊号入手谈教研吧！

打开目录，通览全篇，我最为关切的自然是教研。多年以来，响肠中心学校每年都会开展主题鲜明、组织严密、奖励丰厚的专题教研活动，如作文教学研讨会、教师解题大赛、教师技能大赛，聆听魏书生报告等。学校有计划、有创意地开展教研活动，尊重个人教研，凝聚团队力量，激发内生动力，打造高效课堂，扎实有效地推动了学校、教师和学生全面而又个性化的发展。

合卷《响肠教苑》，总体印象不错，图文并茂，内容厚重，质量上乘。颇为叹服响肠教育卧虎藏龙、人才济济，他们务实求真、锐意进取、咬住教育科研不放松，真正抓住了响肠教育发展的"牛鼻子"。

启权校长是我们教研室的常客，和岳西诸多校长一样，是一个有教研情怀的人，颇为认同"教师第一"的观点，视教师为学校生命，把教研作为提升师德水平的重要抓手，通过开展形式多样的教研活动来提升教师生命境界，引导教师做永远的年轻人。响肠中心学校汪国群老师在安庆市初中政治优质课大赛中过关斩将，勇夺全市第三名，取得参加省赛的资格，开创了岳西县初中政治学科优质课大赛近十多年来的最佳战绩。

花是种给别人看的，而教育不是拿给别人欣赏的。愿全体响肠教育人借助《响肠教苑》这个教研平台，自渡成佛，自开成花，通过教研展示最美的生命姿态，以"踏石留印、抓铁有痕"的精神，继续坚持创办朴素最美的响肠教育。

第四辑　教育随笔

三、单打独斗与兵团作战——普高教研改革怎么搞

早在20年前，就知悉湖北黄冈中学的成功做法之一：部分高考奖励按整个年级学科高考成绩的均分排名发放，基于数据，如果某学科高考成绩均分在各校学科成绩均分中排名靠前，奖励会按比例上浮；如果排名靠后，奖励就要按比例下调甚至不发。

2022年，我校到湖南长郡中学考察，发现一个非常令人惊讶的做法，同一年级同一学科组每次段考，非常注重均分差异，不仅规定了低于年级均分以下多少分，要找老师谈话，而且规定连续两次均分差异超过规定阈值下限的老师会被处罚。但是令人惊讶的是某位老师段考均分遥遥领先，超过阈值上限的，得不到表扬，还要被相关领导约谈："为什么好的做法，好的试题不在年级分享？"

上述两所名校，显然非常重视学科教研，还是兵团作战模式的学科教研。依靠集体智慧，通过构建教研共同体，提升整个学科组的研究课标、研究教材、研究高考、研究教学、研究试题、研究答题规范和应试技能等各个方面的能力，提升整个学科组老师的高考竞争力，进而提高全体学生的学科素养和高考竞争力。

放眼安徽普高教育，有的老师重视个人教研，但未形成兵团作战的合力，孤军奋战，效果不佳。有的学校认为教学教研"两张皮"，会写会讲不一定会教，研得好的教学成绩不一定不显著。还有的老师在学到了人家苦干实干精神，取得一定成绩之后，便轻视教研，一味强调苦干、蛮干，一味片面延长学生学习时间，一味消耗学生的体力和精力。须知，衡水中学的成功，很大一部分因素要归功于学科教研氛围浓郁、学科集体智慧得以彰显、学科教学执行力非常到位。或者说，衡水中学教育人以"大教研"的视角，全方位研究学校教育的各个方面，在研究学生管理、学生内驱力激发、试题命制、学习习惯和生活习惯的养成、构建学科教研共同体、高考政策和高校录取方式改革等诸多方面，取得了巨大成功。

其实，通过真教真研，让全体教师把学生放在心上，把心放在课堂上，一心一意研究如何教好书，如何提高学生成绩，如何让学生考上更好的大学。同样，学校实行精细化管理，让学生一心一意学习，排除一切外界干扰，有目标，有信念，有动力，朝着自己既定的方向踔厉奋发、勇毅前行。这样，师生勠力同心、上下同欲，自然能打胜仗、实现高考辉煌。

回顾当年中国共产党的成功秘诀，正是军民同心、官兵同欲，坚定理想信念，坚决执行上级命令，密切联系人民群众，弘扬一不怕苦、二不怕死的愚公精神，终于搬走了三座大山，实现了新民主主义革命的伟大胜利。也许，我们把伟大建党精神纳入教研，组织老师、学生学习党史和新中国史，从中汲取智慧，汲取动力源泉，运用于学校、班级、学生管理和学科建设，一定会取得意想不到的效果。

反对单打独斗、倡导兵团作战。未来教育发展，需要一群方向一致和目标一致的教育人一起努力！

第四辑　教育随笔

141

要培养雄鹰，而不是培养熊猫

推行营养改善计划，加大校园安全管理力度，呵护中国青少年健康成长，意义深远，且十分必要。但当下许多中小学校和家长施爱无方，保护过度，把孩子当熊猫养，现状令人担忧。

一、过度保护安全教育的现状

一是生活不能自理。部分学生不会洗衣，不会做饭，不会整理家务，缺乏基本的生活技能。

二是劳动观念缺失。部分学生不爱劳动，卫生意识差，也不珍惜别人的劳动成果，乱扔废纸、瓜壳和果皮，不珍惜粮食、难以做到光盘行动。

三是自我保护意识低。部分学生不会游泳，缺乏自我保护意识和必要的自救能力，遇到紧急情况，要么狗急跳墙，要么坐以待救。

四是法纪观念淡薄。部分学生无视校纪、校规，缺乏对法律的敬畏之心，甚至专门钻法律的漏洞，校园欺凌事件、学生殴打教师和父母事件偶有发生。

二、过度保护安全教育的危害

有人曾研判，乡村振兴可能会后继乏力，因为农民没有接班人，农村的田荒、地荒现象十分严重。工业缺乏劳动力，以前是农民到大中城市人力中介找工作，现在是许多企业到乡镇召开招聘会，企业到职业院校提前预购劳动力。一个极度轻视体力劳动、拥有14亿人口的国家，何以生存？这几年劳动力就业市场出现了如下奇怪现象：以6000元/月的工资，招能吃苦干力气活的农民工，很难招；以3000元/月的工资招聘大学生，求职者众多。

三、过度保护教育的原因

无缝对接的安全管理，让学生成了校园里的"熊猫"。家庭、学校和社会安全教育的一味保护，把孩子当"熊猫"培养。只要出现学生安全事故，板子定要打到学校和教师身上，造成学校安全教育重"保"轻"导"，即轻"生存技能培养"。部分教师成了惊弓之鸟，连学生体育课都不敢上。

四、纠正过度保护教育可采取的措施

一要理清学校和教师在安全教育方面的权与责。真正实施依法治校，特别是出现安全事件时，要运用法律武器，保护学校和教师的合法权益。

二是安全教育要切实提高学生的生存能力。要把培养健康、有生存能力的学生这一教育目标放在第一位。安全教育不是一味地"堵"，更要注重"导"，要注重学生生命意识的自我提升和生存技能的锻炼。

三是劳动教育要回归校园。劳动课要恢复，学校要重视劳动课程的教育。

四是教育不能没有惩戒。没有惩戒的教育，必然会导致佛性教师的队伍扩大，任性孩子的增多。

　　五要更新育子观念。要培养雄鹰，不能把孩子当熊猫保护，要舍得让孩子去独立生活。

　　唯有健康的教育，才能培养出健康的国民；唯有健康的国民，才能推动全民健康运动的有序前行，促进国家的健康发展。

要让中小学生充满坚韧、勇气和力量

梁启超先生认为，少年强则国强，少年雄于地球则国雄于地球。少年强的首要标准是身体强壮，内心强大，有坚强的意志力，中小学教育要秉承健康第一理念，培育雄健中国少年。

一、对当下中小学健康教育现状的分析

一是过度性保护的安全教育制约学校健康教育。2014 年，我作了题为《是培养雄鹰，还是培育熊猫?》的发言。在发言中，我谈到部分中小学体育教学现状堪忧，被过度性保护的安全教育所制约，标枪、铁饼、手榴弹等传统体育项目退出了历史舞台，单杠、双杠也不让学生练习，天气稍有异常，炎热、下雨或下雪，体育课和课间操就立马被取消。因上海某高校运动会 3000 米长跑项目有学生猝死，所以中小学运动会男子 3000 米项目被取消，唯恐学生出了安全事故等，以安全的名义，广大体育教师被捆住了手脚。

二是健康教育滞后于全民健身的时代发展。当下，随着人工智能时代的到来，未来社会的大多数公民，其主要时间是休闲娱乐。对大多数学生而言，培养其养成良好的生活和学习习惯，选择健康的休闲方式，应是当下中小学教育的必修课。

当下重智轻德、重智轻体的教育现状，明显滞后于时代的发展。

逐渐走向富强的中国，已经进入了全民健身时代，瑜伽、太极拳、跆拳道、广场舞遍布城乡，健步、钓鱼、登山、骑行等协会和组织如雨后春笋般涌现。

基于以上几点，不遵循教育规律和孩子身心成长规律，一味强调文化课成绩，片面追求升学率的教育现状必须改变。

二、体育纳入中考的显著成效

多年来，全国各地陆续将体育纳入中考，分值也在逐年增加，以安徽省为例，中考体育考试满分已经上升到60分。据安徽省中小学体质健康监测相关数据显示，整个中学阶段，初三和高一学生体质健康指数最高。

每每傍晚时分走进初中校园，看到在班主任的带领下或者在家长的督促下，学生到操场或跑步或跳绳或做热身活动，运动井然有序。体育纳入中考，让初中学生每天健康锻炼一小时的运动目标得以实现。学生体质明显增强，健康意识和运动习惯逐步养成。教育充满了阳刚的力量。

三、对中小学体育健康教育的几点建议

一是体育要以生存技能培养为核心。本来，生存技能培养应该是安全教育的核心，但基于当前安全教育以堵为主的现状，在体育学科教育过程中，可以进行生存技能培养的实践研究。如上海市许多学校将游泳列为学生毕业的必修课程，游泳考试不合格，不得毕业，就是一项体育创新举措。

二是体育要让人充满坚韧、勇气和力量。教育让人儒雅，教育同样也要让人充满坚韧、勇气和力量。体育学科教学是让学生充满坚韧、勇气和力量的主要途径。孩子的成长，有时候不是能力问题，

而是意志力突破问题，体育锻炼恰恰能达到这种目的。我见过数位懒惰、学习成绩平平的学生，通过暑期的体育强化训练，不仅体质增强了，学习成绩也突飞猛进，这是由于体育锻炼的意志力迁移到了攻克学习难关中来，才取得了辉煌的战绩。

三是要加大体育教师队伍建设，夯实其专业底气。绝大多数体育教师的情商都很高，适应社会的能力较强，这是教育发展的一支重要力量。体育教师的培训，既要注重体育专业技能培训，又要注重心理健康辅导的技能提升，还要引导体育教师增强时代责任感和使命感，要让他们有足够的专业底气，有充足的职业自信。体育教师的职责不仅仅是培育学生运动技能，提高身体素质，还要善于培养孩子直面现实的勇气、胆略和智慧，呵护孩子的心理健康，让孩子内心日益强大、身心健康和谐发展。

总之，我们中小学体育教师要秉承健康第一的理念，以培育雄健中国少年为神圣使命，聚焦教育高质量发展，勇当呵护学生茁壮成长的引路人。

以劳润德树人，扎牢"五育"之基

2023年5月7日，恰逢全国劳动教育宣传周，欣闻岳西县响肠镇辅导小学（以下简称响肠辅小）乔迁新址，其劳动教育特色显著，已被授牌"岳西县劳动教育示范学校"。中国石化集团总经理亲临视察，并在此召开全国30多所石化希望小学教育教学经验交流会。作为市级责任督学，应县教育局督导室邀请，欣然前往该校开展劳动教育专项督导。

一、响肠辅小创建县级劳动教育示范学校的亮点

一是学校高度重视，师生全员参与。学校健全了劳动教育组织机构，完善了劳动教育实施方案，制定了劳动教育评价制度。

二是挖掘校史资源，弘扬耕读文化。学校将劳动教育与响肠古镇"诗书济世、耕读传家"传统文化融合对接。

三是编写劳动读本，发行《希望》校刊。学校遵循学生身心发展规律，组织教师编写了《希望之芽》《希望之苗》《希望之花》《希望之叶》（依次适用于小学一到四年级）四种劳动读本，每个年级的读本均开设秋收、冬藏、春耕、夏耘四个单元，拟继续编写《希望之果》《希望之根》（适用于五、六年级）。学校发行《希望》校刊，开辟劳动专栏，刊登师生的劳动作品，展示劳动特色创建活动图片。

四是筹措劳动资金，开辟劳动基地。学校充分利用中石化帮扶契机，争取劳动教育专项资金，前期投入已达10多万元，已添置了喷灌设备，拟兴建温室，展示生态农业生产模式。校内劳动基地约有4亩，前期栽种油菜和小麦，小麦作画"石化"二字。校外劳动基地有两处，每年安排学生到劳动基地体验劳动的艰辛与所带来的快乐。

二、对响肠辅小创建市级劳动教育特色学校的建议

督导组通过实地察看，并结合劳动教育的有关文件精神，对响肠辅小后期如何巩固劳动教育成果、拓展劳动教育内涵、推动学生全面发展，提出了如下建议。

一是进一步做好理论研究工作。在研读习近平总书记关于劳动教育和弘扬劳模精神的系列讲话基础上，释义"耕读传家"，有效衔接"耕读"与开展"劳动教育"之间的传承关系。同时，将劳动教育核心素养的四个维度（劳动观念、劳动能力、劳动习惯和品质、劳动精神）渗透到劳动读本和劳动评价中。

二是进一步加强劳动基地建设。学校恢复和拓展校外劳动实践基地，校内劳动基地种植要体现精细化、多样化和特色化。同时，常态化开展劳动实践活动，紧扣劳动读本中"秋、冬、春、夏"四个板块，分年级、班级、按季节有序开展劳动实践活动，适度增加劳动频率，提高劳动教育的丰富度。

三是进一步提炼劳动教育成果。学校紧紧围绕"树德、增智、强体和美育"等维度收集材料，撰写论文和劳动教育心得体会（包含学生和部分家长的文章），可适度拓展到劳动教育过程中如何实施安全保障，以及劳动教育对安全教育的促进作用等。

四是进一步加大教师队伍建设。学校教师除了会教授劳动教育

第四辑　教育随笔

读本，要有基本劳动素养，还要有一技之长，方可言传身教。同时，学校可聘请劳模、优秀企业家代表和优秀家长代表加盟劳动教师队伍。

五是进一步加强对外交流合作。积极寻访开展劳动教育特色且取得明显成果的学校，与之开展劳动教育方面的交流与合作，以及开展劳动教学和教研活动。

以特色学校创建促进内涵发展

特色学校创建是中小学教育发展到一定阶段的必然产物，是推动学校教育内涵式发展的主要抓手。当下的农村中小学在硬件建设上已迈上了一个新台阶，特别是近几年的运动场建设和学校的硬化、绿化、美化工程取得显著成效。全县绝大多数学校都已经是非常漂亮了，完全可以与城市学校媲美。

显然，下一阶段教育发展的重心要从硬件建设转向软件建设，教育投入的着力点要从实施设备转向教育内涵提升。特色学校创建，正是学校发展和教育投入转向的一个重要标志。特色学校创建是深化教育改革的必然产物。

特色学校创建，既要重视硬件建设，更要注重教育内涵提升。当下许多学校依托特色创建活动，文化气息明显浓郁。我想这应该属于特色创建的初级阶段。

特色学校创建活动如何持续深入地开展下去？这就要求学校校长、主任要修炼内功，要从内涵式发展的深度来思考，来做好顶层设计，来挖掘特色创建的精髓。校长要把学校发展的着力点从外部硬件建设转移到软件建设，如常规管理如何更加精细、科学？学校教师队伍建设如何加强？教育科研实力如何逐年提升？

梅贻琦先生有一句名言："所谓大学者，非大楼之谓也，有大师

之谓也。"教师才是学校发展的生命线。许多乡村教学点的教室比学生多，硬件设备不可谓不好，然而就是留不住或吸引不了学生，为什么？大家都很清楚，产生乡村学生大量涌向城镇的关键原因是乡村学校的师资力量相对薄弱。

一、对特色学校创建的建议

一要有一个鲜明的主题。在审视部分学校特色创建实施方案时，发现有几个学校的特色创建主题很是鲜明。如实验小学"两读两写"特色创建主题：诵读经典、博览群书，练好汉字、写好文章，这个主题好记，而且紧密结合小学教育两大基本功"读"和"写"。又如黄尾中心学校的特色创建主题：五彩黄尾，三好教育，五彩指"德智体美劳"，与国家教育方针对接上了；"三好教育"即培养学生好习惯、好兴趣和好身体，其核心思想是"幸福教育"。这个主题是刘国中校长深思熟虑，汲取黄尾全体教育人智慧提炼出来的。再如外地有一个学校的特色创建是教学生下象棋，他们提炼的主题是"走好人生每一步"，从象棋特色创建延伸到学生的人生规划与未来发展，升华了象棋特色的主题。还有巍岭的绿色生命教育、头陀附小的朗诵国学经典做法都很好，但主题还需进一步提炼。

二要有一位深谋远虑的总设计师。这个设计师可以是校长，可以是教导主任，还可以是学科骨干教师。这位设计师责任重大，其思路和顶层设计得好与坏，与学校特色创建的成效密切相关。如果眼界高远，思路明晰，特色创建就可以少走弯路，快见成效。相反，如果眼界不高，为特色而特色，思路不明晰，老是在学校常规文体活动范围内打圈圈，成效自然不明显，说不定花了冤枉钱，却办不成特色。

三要有一套科学的实施方案。这套方案可以引领全校师生共同参与，把特色创建落实到日常教育教学工作中。把任务分散到每周和每月的工作中，不搞突然袭击，不加重教师课业负担。这样的特色创建才具有广泛的群众基础。这套方案可以将特色创建纳入教师绩效考核范畴，纳入学生评价体系，契合评价改革的方向。如主簿辅导小学的气象特色，思路很清晰，拟与小学生观察能力培养相结合，被纳入小学科学课程体系；拟与当地的农业生产实践相结合，分析气象灾害对学生安全的影响，如果按这样的思路走下去，肯定能取得丰硕的成果。

四要有充足的资金和人力支持。安庆市自2012年启动了"内涵发展项目"建设，将课题研究成果推广，落实到教育教学中，形成学校建设的文化和内涵层面的特色。每年审批20～30个内涵项目，总体资金投入300万元左右。岳西县未来教育也要走这一步，大家不妨先从课题研究和特色创建做起，加大资金和人力投入，积累做内涵发展项目的经验。教育改革与发展的事实告诉我们，谁能抢占先机，谁就能占领教育发展的制高点。

五要注重精神层面的建设。特色创建的最高境界就是让师生的精、气、神发生可喜的变化。腹有诗书气自华，一个有修为的教师，一个有修为的学生，自然与众不同。如实验小学"两读两写"的特色创建，产生了一批小小书法爱好者，他们部分四五年级学生的字比一些高中生乃至大学生的字都要好。黄尾中心学校的"三好教育"，让一批有兴趣爱好的教师找到了自我提升的渠道，有的教师在教学生书法的同时，自身书法技能进展神速；有的教师在教学生乒乓球时，自身的球技突飞猛进；有的教师在教学生舞蹈时，自身的舞蹈素养日新日进。这就是教学相长的道理。如果学校结合特色创建，预算一笔经费，利用假期有意识培训一批有特长的教师，让教师成长有专家引领就再好不过了。

第四辑 教育随笔

学生不能死读书，教师不能教死书，都要留一只眼睛关注自身特长发展。许多成功人士的经历告诉我们，决定人生成就的关键要素，不只是文化功底深或智商高，更重要的是拥有一技之长。

（本文由2017年5月27日在岳西县主簿中心学校承办的第二片区教研会上讲话稿修改而成）

实施"青蓝工程"，助力教师成长

我县中小学教师队伍建设已经步入一个新老更替高峰期，特别是一大批小学老教师已经或即将完成神圣使命，步入退休教师行列。一大批青年教师走上乡村教育工作岗位，接过"坚守乡村教育"的圣火。这圣火交接过程是否顺利？青年教师是否能挑起乡村教育这副重担？在古坊、白帽和菖蒲的教研会上，许多青年教师崭露头角，成了教研的中坚力量，已经让我们打消了顾虑，充满了期待！

少年强则国强，少年智则国智，少年雄于地球，则国雄于地球！青年教师是国之少年，是未来教育健康发展的关键。因此，各校要关心和支持青年教师成长，要搭建平台，助力青年教师成长，多给他们机会历练，多给他们加油鼓劲。中年骨干教师要引领他们一起奔跑、起跳、出彩。教师成长，大致有以下四个方式。

一是青蓝工程，也就是师徒结对。各校都有这样的机制，青年教师分配到校后，通常学校会召开一个青年教师座谈会，请老教师谈谈从教的经历，或由学科组指派某位老教师与青年教师建立结对帮扶关系，甚至签订《培养青年教师责任书》。通过这个平台，老教师要不吝赐教，把青年教师当作徒弟，手把手教他们如何研读教材，如何应对调皮捣蛋的学生，以及如何与家长进行有效沟通等。青年教师则要保持翠竹一般的谦虚，虚心向老教师请教，多听课，汲取

他人智慧，助力自我快速成长。

二是同伴引领，也就是通过学科组教研活动，同学科教师之间相互切磋，共同进步。有人对比教师和医生职业的异同，五十多岁的医生，一般是科室负责人和中坚力量，特别是医院的科室负责人，既是技术骨干，又是学术权威，还是青年医生成长的引路人。相比之下，我们五十多岁的教师，其学科引领作用逊色很多，很多人已经站不到学科教学的制高点了。鉴于此，我们要着力加强学科组建设，凸显学科组组长的领头雁功能，引领学科组青年教师展翅飞翔。

三是网络教研。当下是一个智能信息化时代，青年教师的成长，乃至中年教师的二次起跳，务必要借力信息化平台。如安徽基础教育资源应用平台上有很丰富的教育教学资源，其中"一师一优课"栏目中有许多部优、省优、市优作品可供青年教师下载或在线观摩。这是一条快速汲取名师智慧，助力自身成长的捷径。

四是个人研修。真正决定教师能走多远、能飞多高还是教师自身有当一个好教师的美好愿望和价值追求。教师既要舍得花时间静下心来钻研教材、教法和班级管理艺术，又要善于反思和总结提升。谁都不是天生有做好教师的天赋，初出茅庐，初为人师，肯定有许多不完美的教学故事。只要深刻反思，不断追求进步，办法总比问题多。

我相信，广大青年教师借助这四个方式，在"师傅"的指引下，在一批志同道合的教育者的关心支持下，会闯出一片新天地，开创一条自我发展的金光大道！

（本文由2017年5月26日在岳西县菖蒲中心学校承办的第四片区教研会上的讲话内容基础上整理而成）

常怀明月心，甘当摆渡人

没有爱，就没有教育。从教二十八年来，安徽省岳西县天堂初级中学教师李玉红一直用行动诠释这一真谛。她坚持用放大镜发现学生身上的闪光点，激励向美向善之心，激发自信自强之气，促进青少年身心健康和谐发展；她甘做学生的摆渡人，在班主任的平凡岗位上，默默奉献，辛勤耕耘。

面对学生，她总是投以欣赏的目光，总是津津乐道学生的闪光点；与同事谈及自己的学生，李老师的口头禅是"我班的某某真可爱""我班的某某进步真快"，总是如数家珍般地罗列他们的点点滴滴。她迎送着一届又一届学生，从不让一个学生掉队。她敢挑重担，领导和同事们总把棘手的学生交给她，送到她的班集体里。为此，她每一届班级总是"门庭若市"。

一片丹心付如是，张张证书是见证。她先后获得岳西县教学能手、岳西县十佳青年教师、岳西县优秀班主任、安庆市骨干教师、安庆市先进教研工作者、安庆市第四届语文学科带头人等荣誉称号。

"时代变了，孩子们变了，我们的教育观念也要变。"这是李老师常说的一句话。现在的孩子看起来都很聪明伶俐，但"懒"是他们的通病；他们不再恪守师道尊严，不再像三十年前的孩子那样惧怕父母、惧怕老师；他们个子很高，心智却不能同步发展。他们的

思想观念、伦理道德和思维方式等都发生变化了！这就要求老师要转变教育理念，换一种心态去看待孩子们。

正是这种思想支撑着李玉红老师，让她总是戴着放大镜去发现学生的优点，借此激励他们的自信和斗志，激励他们的向上向善之心。

（一）"浪子"小齐的故事

李玉红老师所带的2014届班里有一个男生叫小齐，很聪明，在学生中很有影响力。初二时，小齐迷上了玩手机，偶尔也打架，有点任性。有一天上午第一节课时，李老师在教室外的窗户边偷看，发现物理老师在黑板上兴致勃勃地讲题，但小齐同学的目光却一动不动地盯着课桌。当她悄悄走进教室，来到他身边，小齐吓了一跳，连忙把桌子上一个眼镜盒收起来，放进位兜里。李老师觉得奇怪，打开他的眼镜盒，原来里面藏匿了一部手机。原来小齐把半开状态的眼镜盒放在桌面上，把手机藏匿其中，上课的老师就很难发现他在玩手机。

下课后，李老师来找他，严厉批评他，并没收了手机，表面上他没有说什么，但看得出他内心很生气。李老师早就观察到他有来不及吃早餐的习惯，就在小齐罚站的期间，去外面买些面包，请他先把肚子填饱，然后再接受批评，小齐似乎有些感动了。

好景不长，李老师又发现他上课老是睡觉。于是，李老师晚上突然袭击做家访，发现他不知道从哪里又弄来一部手机，每晚在被窝里偷偷玩手机到深夜。李老师再次没收了他的手机，他哭着说他不想听物理课，听不进去，李老师说："我陪你一起听"。

于是，李老师在教室后面放了一张桌子，叫小齐把课桌搬到旁边，就这样陪他听了几天课。他听课还算认真。有一天，小齐主动和李老师说："老师，你别陪我了，从现在起我会认真听课的!"李老师说："那好! 我相信你能做到!"

后来这孩子真的转变过来了，中考以总分725分的成绩考进了岳西中学。拿到分数条时，小齐热泪盈眶地拥抱着李老师，激动得说不出话来。

像小齐这样的孩子还有许多，李老师用耐心、包容心去感化他们，陪伴他们，最后让他们收获了成功。

(二)不省心的小宇的故事

有的孩子，优点值得肯定，但缺点也特别鲜明。李老师认为，作为摆渡人，帮助学生跨越成长的河流，要引导这样的孩子学会扬长避短。

2020届小宇同学，初一刚进校时，在整个年级赫赫有名，没有不知道他的。上课时，小宇话特别多，不停地接话茬，跷着二郎腿，坐姿不雅。老师经常被他气得半死，有时课都无法上下去，学生纷纷向李老师告状，老师批评他，但都管不了多长时间。

面对这个孩子，怎么办? 怎么管? 李玉红老师思考着，尝试着寻找他的兴奋点，隔三岔五地找他谈心，多谈优点，少讲缺点，甚至把他的缺点当成优点来鼓励他。例如，说他的字虽谈不上漂亮，但是认认真真写的（他的字很用力，印迹很深）；说他话多，是在认真听课，有思想，有见解等。

也许是由于年龄的增长、成绩的提升，抑或是老师的表扬发挥了作用，小宇在课堂上的躁动渐渐少了，静心学习的时间慢慢长了，由原来的10分钟，往往能达到静静地听上半节课，刷题时能安静到40分钟。

中考之前，小宇自信地说："老师，我中考一定考个好成绩给你

看!"李老师以为他是说大话,吹牛!没想到,中考放榜日,小宇真的给了大家一个惊喜,他以总分718.5的成绩位居全县第9名,班级第一。

(三)帮助一位优秀学生消除学习焦虑

李老师的班里有一位很优秀的女生,从小成绩就名列前茅。可到初中之后,她在众多的女生中并不能出类拔萃,但她内心很要强,于是她就开始逃避,出现一种怪现象,只要到上学的时间她就高烧。刚开始李玉红老师还担心孩子得了重病,家长也带孩子到安庆、合肥检查一遍,医生说没问题,李老师于是猜到可能是心理问题。于是,李老师及时与家长沟通交流,并三番五次地去孩子家,想方设法开导她,甚至带她一起去爬山。在老师和家长的帮助下,她渐渐消除了畏难心理,重拾阳光心态,重现灿烂笑容,最终以优异的成绩考进了岳西中学。2020年高考,这个孩子考出了高于理科一本线78分的优异成绩,进入了一所心仪的大学。

李玉红老师说:"也正是这孩子的事例,还有我儿子的叛逆经历,让我学会了忍耐,学会了克制,学会了以阳光心态看待学生。"多关注孩子的个性,多与孩子心平气和地交流,尽量鼓励他们,让他们自己有想要学的欲望,激起渡河的勇气和力量。

(四)和一位初一女生谈论"死亡"话题

某年清明节,一个女孩满脸忧虑地问:"李老师,你会离开我吗?你会死吗?"李老师当时一脸茫然,不明白她心里在想什么?为什么会说出这样的话?

原来这个女孩和父亲一起去上坟,父亲跟她讲述了她奶奶死亡时的情景,讲着讲着竟泪流满面。她吓坏了,于是她心生恐惧,害怕死亡。李老师知道原委之后，笑容满面地开导她，跟她讲死是自然规律，人类无法抗拒，但可以选择好好活着，活出人生的精彩。

第二天中午，当李老师走进办公室，看见桌上多了一盆鲜花，再加一封厚厚的书信，是那个女孩送来的。信中有这样一句话："老师，我们好好生活，做师生、做朋友，好不好？"

李老师读着信很感动！同时更加感受到现在孩子们内心的脆弱。他们是惧怕风浪的过河者，需要老师这些摆渡人用爱心去呵护他们，鼓励他们莫要怕，有老师在，大家一起战胜风浪，勇敢渡河。

（五）让集体温暖的阳光洒进小涛的心里

2017年9月开学第一天，李玉红又接手新一届班主任。当满怀激情、面带微笑地走进教室，去迎接新一届的小可爱们时，她却发现第一排拐角处的一个小男生很特别。叫他帮助大家发新书，他坐在座位上一动不动，羞涩地微笑着低下头，也不说话，直觉告诉李老师，孩子有难言之隐。李老师了解到孩子的下肢无法行动，感到无比痛心怜惜，就暗暗地跟自己说：一定要好好爱他，让班集体温暖的阳光洒进小涛的心里。

李老师心疼他每天都只能坐在位子上，哪儿也去不了，就自己掏钱在网上为他定制了一把小型轮椅，一张能恰好放下轮椅的课桌，课间就由同学们推着他去走廊上看看，跟同学们一起嬉笑。大课间时，只要有活动，李老师就背着他，让学生抬着轮椅到操场上去，然后让他坐在轮椅上，欣赏同学们丰富多彩的大课间活动，感受同学的友情与青春活力。多少次，李老师背着小涛的身影行走在楼道间，让全校师生感动！

在课堂上，放学时，李老师都安排专人负责他的课桌和书包的收拾工作。寒暑假，李老师也隔三岔五地去看小涛，了解生活状况，

辅导作业。班主任、老师和同学们的关爱，让小涛感受到了来自班集体的温暖。小涛学习非常努力，脸上经常洋溢着幸福的微笑。2020年，小涛中考成绩达到了汤池中学录取线。毕业时，小涛的家长激动地说："如果不是老师和同学们对小涛无微不至的照顾，小涛不可能坚持到初中毕业。"

李老师说："管理班级绝不是班主任一个人的事，需要凝聚班级学科教师的智慧，吸纳家长的智慧，要形成摆渡的合力。"班主任要增强团队合力，共拿摆渡金牌。

一要凝聚班级授课教师的管理智慧。李玉红老师这些年，无论跟哪些老师搭班，他们班的教师团队都是一支和谐美好且富有战斗力的队伍。学科老师相互配合，相互鼓励，共同管理班级。这几年他们所带的班都取得了令人满意的成绩：2017届，该班不到50人，考取岳西中学22人，考取汤池中学20人；2020届，班级50人，考取岳西中学20人，汤池中学19人。

李玉红老师谈起数学蔡老师，总夸他十多年来，毫无怨言地配合着她的班主任工作。班级有什么情况，蔡老师及时反馈，主动耐心地做学生的思想工作，积极主动跟着班主任一起做家访，分析考试成绩，做部分家长的思想工作，鼓励孩子们扬帆起航。蔡老师的尽职尽责，对学生发自内心的关爱，赢得了学生和家长的广泛认同，学生们亲切地喊他"老蔡"。

二要凝聚班级学生家长的智慧。李老师经常说："班级所有老师，还有学生家长，都是班级这艘船上的艄公，都是摆渡人。"班主任的职责，就是团结一切可以团结的力量，建立最广泛的统一战线。李老师所带的每届学生家长中，都有非常认真负责的家长帮助班主任出谋划策和管理班级，帮助老师做学生和家长的思想工作。

李老师非常关注班级课间舆论导向问题，常常思考如何提升学生的自主管理能力？如何让家长会开得有效？最起码要触及学生的心，激发他们的斗志。

记得上届初三寒假前，李老师还特地邀请了两名优秀的大学生来现身说法，一名是武汉大学的小徐同学，另一名是北京外国语大学的小朱同学。两位都是天堂初级中学的毕业生，目的是让孩子们了解一下优秀的学长是如何规划人生和管理自己的。两位优秀大学生侃侃而谈，劝诫学弟学妹们要想管理好自己，就必须从现在做起，树立目标，下定决心，抛开电视，告别手机，把誓言写在纸上，向家长庄严承诺。那次家长会开得很成功。

那天，一位家长在微信中说："从小到大就怕开家长会，今天的家长会从十点到十二点整整两个小时，我一点都不觉得疲倦。更让我兴奋的是儿子走回家就主动地把手机交给我，说这学期再也不玩手机了。"这个孩子还真的说到做到了！后来以总分七百多分的成绩顺利考入岳西中学。

李老师甘当教育的摆渡人，将每一届孩子送达梦想的彼岸。她坚守摆渡人的角色，也演绎着摆渡人的幸福人生。她蹚过了一条叫作教育信仰的河，修己渡人，真正实现着"使命必达"。

（本文由李玉红老师提供素材，我主笔撰写，岳西县天堂初级中学王泰节老师等润笔修改而成）

第四辑 教育随笔

依法治校：一要科学，二要民主

2023年6月21日上午，我陪同郎溪县音、体、美第三组评委老师一起到岳西县店前中学开展我县中小学音、体、美教师教学质量测评工作。我是2003年8月到任的、该校迁址新建后的首任校长，距今恰好20年。此次到校，可谓故地重游，颇有感慨。

当年出任校长伊始，我全身心投入，制订长远规划、争取外援资金、狠抓教学质量、优化内部管理、协调多方关系，忙得不亦乐乎。自我评价是一位尽职尽责的好校长。后因多种原因，怀着不舍心情，我离开店前中学，到岳西中学任教，但内心深处，对店前中学仍有一种特殊的情感，每每回到这里，既感到久违的亲切，又感到有一丝丝内疚，许多美好设想、宏伟蓝图来不及实现，就调离了这所学校，大有壮志未酬的遗憾。

回到店前中学，看到当年栽种的雪松被腰斩、水杉全部被砍伐，当年兴建的食堂被拆除，原地重建了更为气派的食堂，颇有所思所悟。特别内疚的是雪松被腰斩、水杉被砍伐。雪松被腰斩的原因是当年栽种的时候树干离教学楼的距离是合适的，但因雪松蓬勃生长，离教学楼太近，又因雪松具有向光生长的习性，枝丫发生偏移，有几株经受不住狂风暴雨的洗礼，折断倒塌。现存的数棵树仅保留部分树枝，雪松优美的塔形被破坏，倒不如砍掉或移栽。水杉是因为操场围墙外，新征土地建了一所小学，因共同使用初中运动场，围墙被撤除、水杉被砍伐；虽在情理之中，着实有些可惜。

2004年春，我校筹措资金，聘请合肥一家园林绿化公司规划校园绿化，栽种了雪松、洒金柏、龙爪槐、合欢树、广玉兰、罗汉松等十多种树种，旨在结合学校植物园建设，提高校园的植物多样性。一段时间内，店前中学确实是县内最美丽的初中之一，是展示岳西义务教育优质均衡发展的一所样板校。

而今看来，当年的校园绿化规划有明显不合理的地方，一是雪松距离教学楼太近，当时老百姓还善意提醒了我们，我们征求园林绿化公司的意见时，他们却说这个距离合适。二是苗圃占地面积太大，挤占了学生课间和课外的活动空间，加上教师小汽车数量逐渐增多，明显有些拥堵，这说明我们当年没有研判到交通工具的迭代升级，缺乏长远眼光和超前意识。我由衷感叹，老百姓的眼光是对的，建议是合理的。可当时的我和学校几位管理者，为什么听不进去？

由此，我深刻反思，当下学校治理，部分管理措施的出台、相关教育教学改革的推进，确实要发扬民主，广泛听取一线教师和学生家长的意见；确实要坚持稳中求进、守正创新的原则，不能冒进，更不能一意孤行或独断专行。学校的重大决策或改革举措，要通过几上几下征求意见，尊重教师主人公地位，汲取大家的教育智慧，获得大多数教师的认同，方可制定出较为科学完备的方案，然后付诸实施，稳步推进，自然能赢得广大师生的认同。

十年树木，百年树人，教育是最大的民生工程。我们教育管理者真的需要练就一双慧眼，保持一颗永远清醒的头脑，心中始终要有"依法治校，一要科学，二要民主"的法治和理性思维！

第四辑 教育随笔

特教印象：点滴进步，百倍辛劳

岳西县特殊教育学校是利用原金山小学闲置校舍改造而成，有些简陋。潜山的许校长首办特教学校，不向家长收费，但是要解决聘任教师的工资待遇问题，维持学校正常运转经费，仅靠有限的特殊儿童国家教育补助，是远远不够的。我很佩服许校长的胆识与气魄，与其说是来投资办学，倒不如说是来做慈善事业的。

特殊孩子难教。一是年龄差异很大，小的几岁，大的接近成年，一个班的同学，年龄相差十多岁。二是许多孩子生活不能自理，排便要帮，吃饭要喂，虽有家长陪读，教师也要经常履行保姆职责。三是开发孩子智商难度大，有的孩子发音不清；有的孩子有异常行为；有的孩子认识一个字，需要三个月。这些特殊孩子的点滴进步，特教教师均要付出比教正常孩子数百倍的辛劳。

特教教师不易。首先，要特别有爱心。缺乏爱心，面对这些异常孩子，相处一天都困难。其次，要特别有耐心。提升学生的自理能力，纠正学生的不良行为习惯，不是一日之功，需要十天、数月乃至数年的不懈努力。再次，要有特别的技能。特教教材并不高深复杂，技能却要高人一筹。我看过海伦凯勒写的《假如给我三天光明》中沙利文老师的高超技艺，她激发了一个又瞎又聋孩子的求知欲，开发了其"读书写作"的天赋。海伦的故事激励许多特殊孩子立志成才。

我不敢奢望这些孩子中有"海伦"，只要他们能自理，能过平常生活即可。就是这样，特教老师恐怕要付出不同寻常的辛劳。该校的五位特教教师，周一到周五，要负责40多名在校学生的教学；周六周日还要为散布在全县的20多名特殊儿童补课。因此教师难以休息度假，难以常回家看看。

真心感悟，这是一个需要特别关爱的弱势群体。目前，政府对这些特殊孩子的家庭资金扶持力度还不够，对特殊学校的人力和资金支持明显不足。岳西县特殊教育学校从无到有，是一个良好的开端，是一个新的起点。国家和社会正在关心这些特殊儿童，让这些孩子享受做人的尊严，享受受教育的权利。

在政府的关心和支持力度难以到位之前，我们社会爱心团队要有补位意识，奉献一份力量，正如这次慰问教师活动一样，尽管发放的慰问金和慰问品不多，但县政府、残联、文联、教育局、映山红爱心协会、天仙河爱心协会、义工联盟等齐聚特教学校，播撒的是爱心的种子，传递的是正能量，弘扬的是中华扶危济困的传统美德。

黄副县长是中石化集团的挂职干部，对岳西和岳西人民评价很高，认为岳西是一个需要爱、充满爱的地方。这既是一种鼓励，更是一种鞭策。这种鼓励和鞭策将指引我们一路前行，播撒爱心，传递希望。

让我们播撒爱心，多多关注特殊儿童，多多关注特教教师，多多关注特教学校吧！

第四辑　教育随笔

技能宝贵，劳动光荣

2016年5月11日，我参加了在安庆大别山科技学校举行的岳西县2016年中职招生会议，面对职业教育发展现状，看到该校"技能宝贵，劳动光荣"的励志标语，颇有感触。

无论是从国家层面、学校层面，还是从学生层面，我们均要重视职业教育。高中阶段招生，执行较为合适的普职比，合理分流，引导一部分学生进入中职就读，选择一门自己喜欢的领域，获得一项专业技能，步入社会就有了一份养活自己和家人的工作。对于大多数人来说，首先要养活自己，然后要养活父母和家人，最后才谈得上为国家、民族做贡献，这也符合中国儒家倡导的"修齐治平"教育理念。

看了专题片《大国工匠》之后，让我们教育人很是忧虑。在一些重大科技领域，缺乏能工巧匠，即缺乏把科技转变为现实生产力的高级技工。当下的中国正快速步入工业化社会，最稀缺的是高素质的技工。教育业不再是少数人的专利，再沿袭传统的"学而优则仕"读书观念，必然会培养一大批眼高手低的大学生。要破解当下教育难题，我认为就是要树立劳动光荣、勤劳致富的理念，培养有专业技能的工人，培养有科学技能的农民，这就是职业教育的神圣使命。

为什么日本和德国的传统制造业比较发达？因为他们非常重视高级技工的培养，且这些高级技工的社会地位高、待遇丰厚。我有一位朋友曾经在日本企业工作过，他说工人们一旦进入工作状态，全神贯注，效率很高。

　　教育，就是要因材施教，让每一位孩子都能选择适合自己的教育。2024年新春伊始，网络媒体大肆炒作"普高招生比例将提高到初中毕业生的70%"的传闻，甚至有专家建议取消职业高中，把职高一律改为普高。作为深耕普高教育30多年的教育人，我认为这么多年坚持的普职分流招生政策，方向是对的，适度提高普高招生比例也未尝不可。当下，建议提高职业教育资金，大力宣传"技能宝贵、劳动光荣"的职教理念，进一步加强职高学生管理，重视职业技能培养，拓宽学生就业渠道，而不是取消职业教育。

漫谈家庭教育的重要性

一、家庭教育存在的四大误区

第一大误区：生而不养靠天收。在步入小康社会之后，这种家庭所占比例不是很大。家长忙于自己的工作、生意和社交活动，没有时间管理和教育孩子，任其发展，属于散养式、放养式家庭教育。说实在话，20世纪六七十年代出生的人所处的家庭教育，大多数属于这一种。现在时代变了，社会环境更加复杂，孩子放养令人担忧，因此孩子的成长需要家庭给予更多的关心和更多的资源支撑。

第二大误区：倾其所有为孩子。一切为了孩子，不惜一切代价，一定让孩子上最好的学校，将来找一份轻松高薪的工作，这种家庭所占比例很大。这样的家庭，对子女成才的期望值很高，不考虑孩子的智力、兴趣和爱好，一味和别人较劲。从幼儿园、小学、初中到高中，一定要让孩子上当地最好的学校，托人情、花大钱，都要达成目标。

父母的期望值高，自然会变换方法，逼迫孩子努力学习，一切为了分数，不给孩子预留自己的休闲时间，也不考虑孩子学习有没有快乐，甚至在孩子出现心理异常时，念念不忘的还是考高分、上名牌大学。

按惯常思维，这样家庭的孩子最幸福，吃、穿、住、行不差钱，但其实他们远没有我们当年那么快乐。虽然当年我们常常吃不饱，但许多时间是由自己做主支配的，我们有很多的机会亲近大自然，干自己想干的事。

第三大误区：男人挣钱女人带娃。部分家庭的分工就是这样，男人挣钱，女人带娃；当下农村的部分家庭，女人在家陪读，带娃读书；男人在外打拼，挣钱养家，都很辛苦，也很无奈。

父爱、母爱都是孩子健康成长的心灵鸡汤。像农村地区，许多留守儿童，自小由爷爷奶奶照看，可以称之为隔代教育，父母的爱、父母的管教都缺位，往往比起母亲带娃，存在的问题更多。中国传统的家庭教育理念：一代人只管一代人，有一定道理。

第四大误区：花钱就能买管理。这样的家庭为数不少，值得我们深思。这些家庭确实因工作忙碌等多种原因，从小忽视对孩子的管教，到了初中和高中阶段，已经管不了孩子，或者因为人在江湖，频繁应对各种事务，身不由己，分身无术，难以静下心来管教孩子。于是就产生了"花钱买管理"的无奈之举。

家庭教育不是商品，很多时候花了大价钱，未必能够实现孩子良好发展的美好愿望。

二、日本家庭教育的六大法则

在家庭教育方面，日本这个国家确实有很多东西值得我们学习，下面就一起来谈谈家庭教育的六大法则。

（1）不会珍惜自己的人，也不会珍惜孩子。意思是说，作为父母，不要让繁重的家务、工作或社交活动挤占所有时间，要拥有属于自己的时间去休闲，去放松，从而保持良好的心理健康状态。父母要给孩子营造一种愉悦和谐的家庭氛围，家庭教育出现问题时要

勇敢求助。在家里，父母充满幸福的笑容会使孩子感受到幸福，"家里人都能愉快地过日子"就是最大的幸福。

（2）养育孩子是母亲的事，有这种想法的父亲要当心。一般认为，在现代家庭里，父亲的权威地位受到威胁，使孩子明辨是非的能力大大减弱了。通常情况下，父亲和母亲的育儿方针基本是一致的，但父亲和母亲站在不同的角度教育孩子，方式方法各异，往往能优势互补、相得益彰。父母的默契配合很有必要，母亲要注意不要在孩子面前贬低父亲，父亲也要注意不要在孩子面前大声斥责母亲。

（3）未必一说就知道，但不说就更不知道了。在现代社会，人与人之间如果什么都不说，要互相理解是很难的，亲人也不例外。不断增加父母之间、父母和孩子之间的对话是建立幸福家庭的基础，而交谈是最好的沟通方式。另外，在家庭关系中，还有很多活动对增进亲密关系是非常有益的，比如全家人一起有规律地吃饭很重要。愉悦的氛围，飘香的饭菜，父母的爱自然而然地传递给孩子，由此得到的满足感、信赖感能让孩子活泼开朗、心有阳光。

（4）孩子一定能领会到父母积极向上的生活姿态。家长往往要兼顾事业和家庭，工作将家长与孩子相处的时间夺走了不少。但家长疼爱孩子、为了美好未来而努力奋斗的形象一定会深深地铭刻在孩子的心中。不抱怨、不自卑，言行得体、心态乐观，这样的父母，其言传身教的力量对子女的深远影响，往往是无法估量的。因此，无论何时，父母都要充满自信地养育孩子，表现出积极向上的生活姿态。

（5）规矩是为谁定的？为了让孩子懂规矩，并让孩子遵守规矩，父母要经过认真讨论，定出明确的家规。父母和孩子要一起遵守这个家规。比如，孩子回到家后，先跟父母问候，再进自己的房间；

孩子的房间不上锁；孩子带朋友进自己的房间前，先把朋友介绍给父母；父母觉得有必要时，可以进入孩子的房间等。家规不仅包括日常问候、门限时间、关灯时间等，还包括不给别人添麻烦、不撒谎等社会规范。

（6）如果孩子最好的朋友是电视、录像、玩电子游戏的话，那他太寂寞了。如果孩子长期沉溺于虚拟的影音娱乐世界里，容易造成沟通能力欠缺、冷漠、生与死的现实感薄弱等诸多问题。不能区分现实和假想世界，给孩子的身心健康和谐发展留下阴影。家长要给孩子制造与其他小朋友一起玩的机会，鼓励他到大自然当中去，定出不多看电视、录像，不多玩电子游戏的规矩，并使孩子养成遵守这些规矩的习惯。

这六大法则，对我们广大的中国家庭很有借鉴意义。

三、给家长的八条建议

近几年，有两本关于家庭教育的书《好爸爸胜过好老师》《好妈妈胜过好老师》很热销。书中的许多家庭教育理念，我很认同。结合自身家庭教育和学校教育的经历，我给家长提出八条建议。

一是当好孩子引路人，言传身教做表率。心理学认为，一个人的人格、能力和健康等因素，首先来源于家庭教育。父母是孩子的第一任教师，是其为人处世的榜样。有人说，培养一个诺贝尔奖获得者，需要三代人的努力；还有人说，好女人旺三代，是丈夫坚强的后盾，是孩子成长的引路人。

家是最小的"国"，国是大的"家"。家国同构，培养优秀人才的目标高度一致。为达成这一目标，家长首先要注重自身修为，要当一个追求向善向美的好家长；其次为孩子作表率，引导孩子按"修齐治平"思路提升自己，穷则独善其身，达则兼济天下。

二是网络游戏要控制，同伴引领最关键。当下有的孩子，看电视、玩手机、打游戏时间在增加，而亲近大自然、与同伴一起活动的时间在减少。有的青年是网络达人，可现实生活中的他，语言笨拙、不善言辞、交流不畅，这种现象值得深思。

家长要敦促孩子少玩网络游戏，去行疆万里，感受祖国大好河山之美、异域独特风情。在亲历社会、亲近自然的过程中，可释放压力、放松心情、增长见识、陶冶情操，让孩子感悟到"天人合一""道法自然"等中华优秀传统文化的精髓。

家长要鼓励孩子融入集体生活，并学会严于律己、宽以待人，培养其集体荣誉感和责任感。特别要鼓励孩子向优秀的人看齐，与优秀的人一起奔跑。

三是培养雄鹰须放手，孩子自律方成人。希望孩子成为雄鹰，但总是不放心让孩子自主发展、自律成人，想清除孩子成长路上所有的障碍物，为孩子设计人生发展的详细路线图。这样的父母以爱的名义，剥夺了孩子接受挑战、体验失败的机会，其结果是孩子永远长不大。我们的家庭教育要给孩子更多的生存锻炼机会，要有老鹰敢于把雏鹰推下悬崖的勇气，要允许孩子适度犯错、偶尔失败，增强孩子的抗挫折能力。远离父母，孩子方能成长；舍得放手，父母更具智慧。

四是孩子需要须延缓，管好零花钱。心理学上有一个延缓需要的原则。建议父母不要无条件满足孩子的需求。如果不加考虑，总是第一时间满足孩子，容易使孩子失去自控力，变得很任性，甚至不择手段，提出超越家庭条件和父母能力的无礼要求。家长要懂得"恩里生害"的道理，要谨记"惯子如杀子""积金积玉，不如积书教子"的古训，不管孩子怎么闹怎么缠人，不必要的东西坚决不给买。

务必提醒孩子管好自己的压岁钱和零花钱，可以与孩子沟通协商每月可支配的零花钱定额，让孩子自己安排。

五是好好活着不容易，每个生命是奇迹。当下，中学生患忧郁症和跳楼事件偶有发生。这种现象引起全社会的深度关注。如何引导孩子增强珍爱生命、敬畏生命的意识？建议家长给孩子介绍他（她）生命的来源，是众多来自父亲的精子赛跑，只有其中一个跑得最快、最优秀的精子获胜，最终与一个来自母亲的卵细胞结合成受精卵，这个受精卵最终发育成独一无二的"你"。正因为人生命的出现，是几十万分之一的奇迹，所以值得尊重、珍爱和敬畏。

家长要引导孩子亲近大自然，让孩子切实感受到地球上的任何生命活着和成长都不容易。人要有尊严有价值地活七八十年，更不容易。

六是鼓励孩子做家务，让他变得很能干。劳动，是人类赖以生存的基石。教育部出台了加强劳动教育的文件，规定孩子在家里要帮父母做力所能及的家务劳动。

不少的父母认为孩子只需要专心致志读好书，自己包办一切家务劳动。当下年轻一代的离婚率居高不下，导火索倒并不是什么大事，往往是小夫妻双方都不愿意做家务这样的小事引发的。在家里定出规矩，让孩子分担家务，让孩子从"把用过的东西整理好"等小事做起，养成做家务的良好习惯。这样有利于培养孩子的家庭责任感，感受到自己是有用的人。心理学研究发现，孩子在家适当做家务，有助于优化孩子的心理，让他变得更能干。

七是过度学习不可取，走点弯路是成长。"不能让孩子输在起跑线上"，误导了许多家庭。孩子在幼儿园和小学，就参加名目繁多的特长班，诸如弹钢琴、学绘画、练舞蹈、打跆拳道等。到了初高中，各种文化课的辅导，几乎占满了学生课余、周末和寒暑假时间。家

长要允许孩子有时偷点懒，成绩有波折。蕴藏潜力、经历挫折、走过弯路，将是孩子未来人生的一笔宝贵财富。

八是幸福不是多索取，世界因我而温暖。当下，许多家庭的孩子对父母一味索取、不知感恩的现象值得反思。他们觉得，父母为自己的一切付出都是应该的，从来不知道该为父母做点什么？据调查发现，部分中小学生说他们"没有"或"不太"在公共汽车上让座；家长也较少教育孩子，要同情弱者，要关爱他人。

父母可以从孩子很小的时候开始，率先垂范，逐渐培养孩子给孕妇、老年人等让座，当残疾人遇到困难时能主动上前询问和提供帮助的习惯和品质。慢慢引导孩子学会做一个有爱心、有同理心的人，要让世界因我而温暖，别人因"我"而幸福！

后　记

　　"躬耕教坛，强国有我。"2023年9月9日，第39个教师节之际，习近平总书记勉励全国优秀教师弘扬教育家精神，为强国建设、民族复兴伟业作出新的贡献。我是一名躬耕乡村教育的普通工作者，位卑未敢忘忧国，与教育家一样具有奉献教育的赤子情怀。

　　我的教育成长经历，有点特别。截至甲辰龙年8月，已工作33年了，在五个教育单位先后担任过教师、教研组组长、班主任、团委书记、政教处主任、初中学校校长、县教研室主任、普高分管教学副校长等职务，加之大专起点、自学本科、攻读教育硕士，熟知我的教育同仁说我不甘平庸，颇会折腾。

　　说起教育成长经历，要从高考谈起。1989年高考，我被当时的淮北煤炭师范学院生物系录取。1991年毕业，荣获"双优毕业生"称号，毅然选择离开煤炭系统，返回岳西老家。工作第一站是店前中学——一所普通的乡镇完全中学（既有初中，也有高中），一干就是12年。2003年8月，到新店前初中担任校长，积极配合店前镇党委政府，顺利完成徐良初中与店前中学初中部合并搬迁工作。想当年，我带领18位教师和全校学生一起除杂草、运砂石、平操场、植新苗，其乐融融，颇为自豪。2004年9月，赴安徽师范大学生命科学学院生物教育专业攻读教育硕士。2005年8月，到岳西中学任教。

后
记

2013年4月，被遴选到岳西县教育局担任教研室主任。2019年8月，被组织安排到汤池中学担任分管教学副校长。

在岳西县教育局教研室工作的六年，个人教科研成果最为丰硕。参加了国家级课题"安庆市评价改革试验区"相关工作，主持了一项省级课题和一项市级课题，均已结题。撰写了十多篇教育教学和教研方面的论文，其中有3篇分别获省级论文评选一、二、三等奖，多篇获市级论文评选一等奖，有9篇论文先后在相关杂志上发表。两次被评为安庆市生物学科带头人，多次获安庆市教研先进个人称号。2016年，被推举为岳西县先进工作者，还被评选为助人为乐类"最美岳西人"。2018年，被评为安徽省首席乡村教师。

在汤池中学担任副校长以来，我狠抓常规管理，争做勤勉表率。这期间，深入一线听课评课，深入班级宣讲思政，加强教师上课督查，强化课间午休巡查，及时发现问题，及时处理问题。狠抓常规教学，做有实效的教研，鼓励教师基于课堂、基于高考、基于学生思维训练、基于学业成绩提升做教科研。坚持严肃考风考纪，带动优良学风班风建设，引导广大师生从"勤""早""细""严""实"等五个方面入手，狠下苦功夫，追求真善美。2021年，我成功申报安庆市生物学科名师工作室主持人。2022年，我被聘为安庆市第五届市督学。

坚守乡村教育30多年，且行且思、且思且写，笔耕不辍，积累教育管理、教学论文、学习心得和教育随笔数百篇，从中精选了38篇，结集出版。文集终审稿包括教育管理类7篇、教学思考类9篇、培训心得类11篇、教育随笔类11篇。书名定为《风中芦苇在思考——一位教育人的行与思》，期待各位教育同仁不吝赐教、批评指正和大力支持。

这本书的出版，一波三折，实属不易，太多的细节值得回味，太多的同仁需要感谢。

感谢我的老师、我的领导、我的同事，是他们激发了我的写作潜能、压实我的写作任务、锤炼我的写作技能，并鼓励我坚定信心、不停写作、整理书稿，联系出版社。

感谢我的家人，支持我转化教科研成果！特别要感谢我的爱人，消除我的重重顾虑，鼓励并支持我利用闲暇时间，反复优化文稿。

最后，感谢我自己，数十年坚持追求教育梦想，行走名师路径，勤于教育写作，做一棵不断思考的芦苇，沐浴教育改革春风、扎根乡村教育土壤、展示最美生命姿态！

2024 年 7 月 3 日于岳西

后记